EL PAPIRO DE EZEQUIEL
HISTORIA Y AVATARES DE UN CÓDICE EXCEPCIONAL

diseño de la colección: Estudio Joaquín Gallego

maquetación: Museoteca

impresión: Producción Gráfica Integral Global, S.L.

NIPO: 191-25-007-3 (PDF)
NIPO: 191-25-006-8 (impreso)
DL: M-7572-2025
ISBN: 978-84-10383-00-5

Imagen de cubierta: *Profecías de Ezequiel* [fragmento]. Fundación Pastor de Estudios Clásicos. En depósito en la Biblioteca Nacional de España, P.Matr.Bibl. 1 (pp. 65-66).

Catálogo de publicaciones de la Administración General del Estado
 https:/cpage.mpr.gob.es

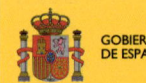 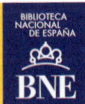

EL PAPIRO DE EZEQUIEL
HISTORIA Y AVATARES
DE UN CÓDICE EXCEPCIONAL

TEXTO
RAQUEL MARTÍN HERNÁNDEZ
SOFÍA TORALLAS TOVAR

BNE

A la memoria de Pius Tragan y Natalio Fernández Marcos

EL PAPIRO DE EZEQUIEL

Hemos querido atraer las miradas de los visitantes de la Biblioteca Nacional de España sobre un excepcional códice de gran antigüedad, cuyas páginas fueron dispersadas por los anticuarios de principios del siglo XX y que se conserva en la actualidad en diferentes bibliotecas y colecciones del mundo.

El libro es conocido como Papiro de Ezequiel —por ser el primero de los textos que contiene—, o como Papiro 967 (P967 en lo que sigue), por la posición que ocupa en el listado general de papiros bíblicos realizada por el editor de la Biblia de los Setenta, Alfred Rahlfs. Se trata del manuscrito más antiguo depositado en la Biblioteca Nacional de España y es propiedad de los fondos papiráceos de la Fundación Pastor de Estudios Clásicos.

El códice estaba compuesto en origen por un total de 236 páginas de papiro en las que se copió la traducción al griego de los libros bíblicos de Ezequiel, Daniel, Bel y la serpiente, Susana y el Libro de Esther. Debió de escribirse en torno a finales del siglo II o principios del III d. C., por lo que posiblemente se trate del códice más antiguo que se conserva de la Biblia hebrea en su versión griega. Es más, la versión de Daniel de este códice es prácticamente el único testimonio existente de la versión griega primitiva de los Setenta, pronto retirada de la circulación para ser sustituida por la versión más clara y expresiva de Teodoción, traductor judío del siglo II d. C.

Se desconoce la procedencia exacta del códice, aunque es posible que se encontrara contenido en un vaso de barro depositado en el interior de una tumba en la necrópolis de Mir, al norte de Asiut, y entró en el mercado de antigüedades en los años treinta del pasado siglo. Fue entonces cuando se produjo una total dispersión de sus páginas, a día de hoy en diversas colecciones públicas y privadas que, en orden de mayor a menor cantidad de páginas conservadas del documento, son: Kölner Papyrussammlung (Colonia, Alemania), Scheide Library (Princeton, Estados Unidos), Chester Beatty Library (Dublín, Irlanda), Fundación Pastor de Estudios Clásicos (Madrid) y Abadía de Montserrat (Barcelona).

Las veinte páginas propiedad de la Fundación Pastor, que han sido objeto material de una exposición temporal en la sede de la Biblioteca Nacional de España, son parte de una generosísima donación que Pénélope Photiadès realizó al profesor Manuel Fernández Galiano de parte de su colección privada de papiros, adquirida posiblemente en Ginebra entre finales de los años cincuenta y 1960. Los papiros fueron custodiados por el profesor Fernández Galiano hasta 1983, año en que fueron depositados en la Biblioteca Nacional de España para su óptima conservación y accesibilidad a la comunidad científica.

En este volumen de la colección Tesoros de la BNE cubriremos los temas más importantes relacionados con este excepcional códice, haciendo un recorrido por sus particularidades físicas y materiales, su historia dentro del contexto de la traducción de la Biblia a la lengua griega y su importancia para la expansión del cristianismo, para tratar finalmente los avatares de su dispersión y compra en el siglo XX.

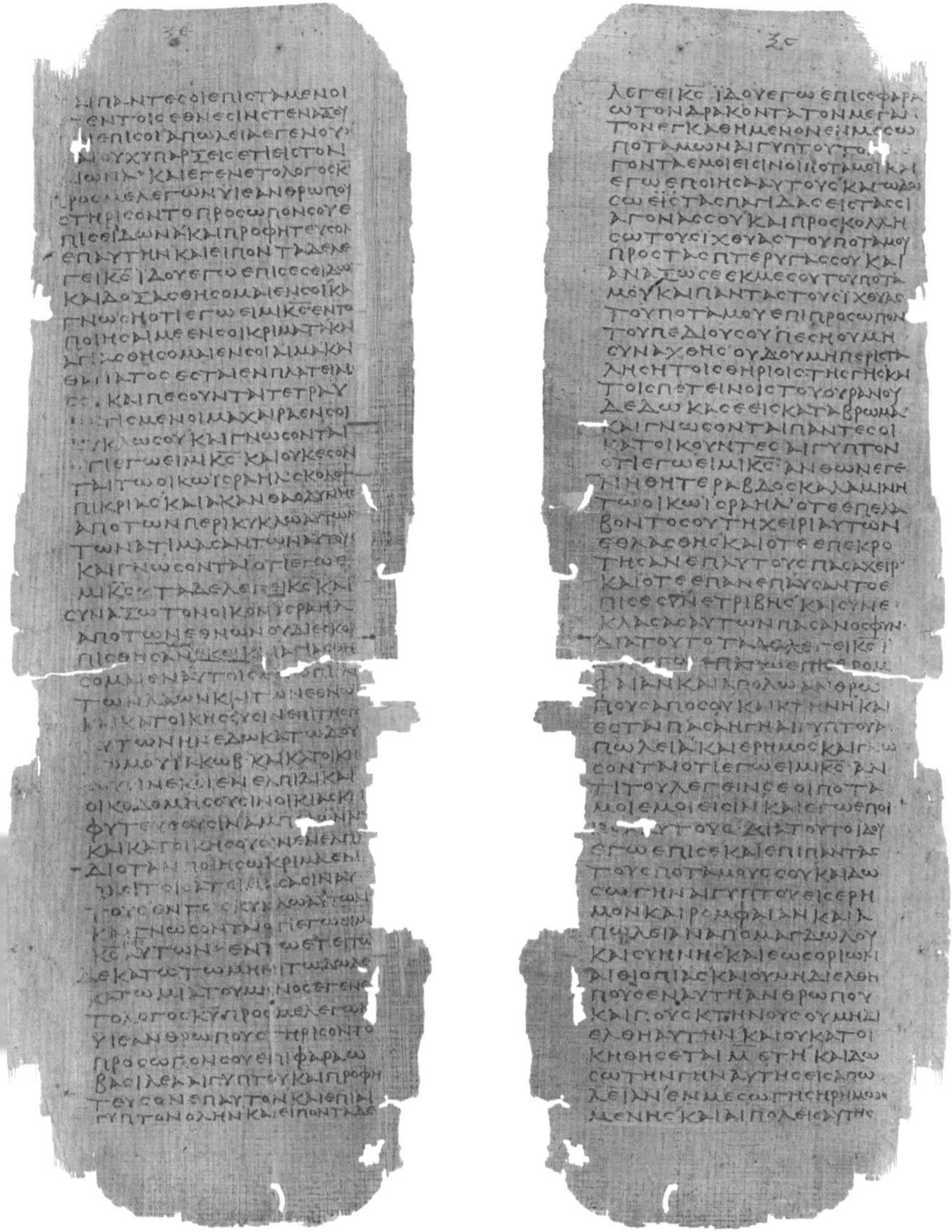

Fig. 1. *Profecías de Ezequiel* [fragmento] (P967). Fundación Pastor de Estudios Clásicos. En depósito en la Biblioteca Nacional de España, P.Matr.Bibl. 1 (pp. 65-66).

¿QUÉ ES UN PAPIRO? BREVE HISTORIA DEL LIBRO EN EL MEDITERRÁNEO ANTIGUO

Los papiros ofrecen una ventana única al mundo textual y cultural de la Antigüedad y retrotraen los textos literarios que contienen, en ocasiones en siglos, a los testimonios más remotos transmitidos en los manuscritos medievales. Estos documentos frágiles pero duraderos, conservados en los climas áridos de regiones como Egipto, aportan valiosa información sobre el desarrollo, la transmisión y la interpretación de textos tanto de la literatura clásica como de los primeros textos bíblicos y cristianos. Conservan obras de autores tan conocidos como Homero, Demóstenes, Sófocles y Eurípides, pero también de escritores con menos fortuna en su transmisión y cuyos textos se habrían perdido de no ser por los papiros, tales como Menandro, Safo o Baquílides.

El papiro es un soporte de escritura blando, inventado en Egipto en la Antigüedad. Se fabricaba utilizando el núcleo del tronco de la planta del papiro, una especie de ciperácea, *Cyperus papyrus*, cuyo hábitat natural se encuentra principalmente a lo largo del valle del río Nilo y, en menor medida, en otras áreas del Mediterráneo de características climáticas similares, como Sicilia o, según los autores antiguos, Siria (Plinio, *Historia Natural* 13.22).

El papiro fue utilizado en Egipto al menos desde la Primera Dinastía en el Tercer Milenio y su producción incluso llegó a ser monopolio real. Además de como material de escritura, los antiguos egipcios empleaban el papiro en la construcción de otros artefactos como barcas, esteras, cuerdas, sandalias y cestas. Ya Teofrasto (*Historia de las plantas*

4.8.4) en los siglos IV-III a. C. nos explica sus múltiples usos. Sus fibras más finas y lisas, las que se encuentran en el núcleo de su tronco, eran las seleccionadas para manufacturar este soporte de escritura que pervivió hasta al menos el siglo IX d. C., momento en que el papel comenzaba una andadura imparable, hasta convertirse en el más utilizado hasta nuestros días. El papiro se utilizó por toda la cuenca del Mediterráneo y el Próximo Oriente y se convirtió durante la Antigüedad en un vehículo fundamental para la copia y transmisión de escritos de todo tipo, fueran literarios o documentales y administrativos. Sin embargo, los papiros que hoy conservamos en colecciones de museos y bibliotecas proceden en su inmensa mayoría de Egipto, dado que las condiciones climáticas, especialmente la ausencia casi total de humedad, han permitido su conservación durante siglos bajo la arena. El carácter perecedero del material orgánico en condiciones de humedad alta ha motivado su desaparición en el resto de la cuenca del Mediterráneo, donde durante siglos había servido de soporte principal de la cultura escrita.

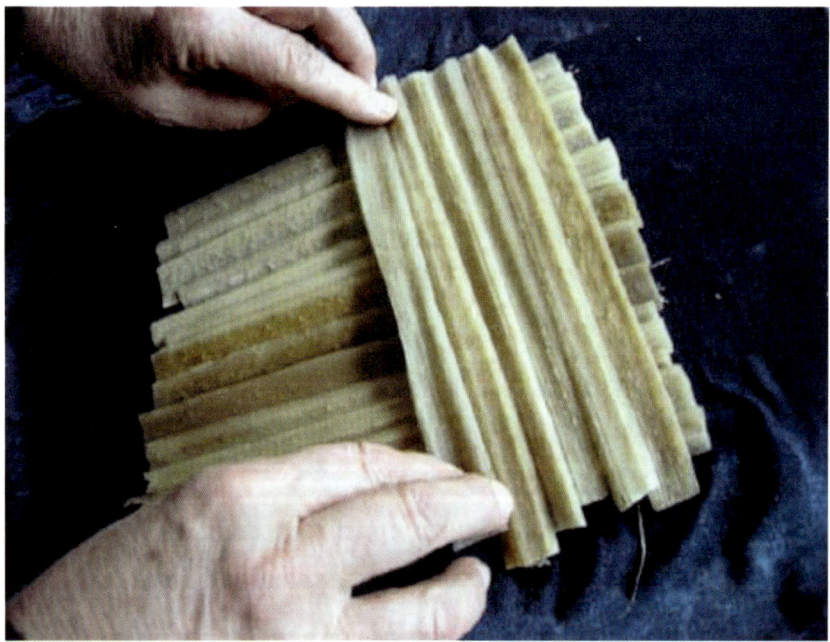

Fig. 2. Proceso de reconstrucción de una hoja de papiro. University of Michigan Library.

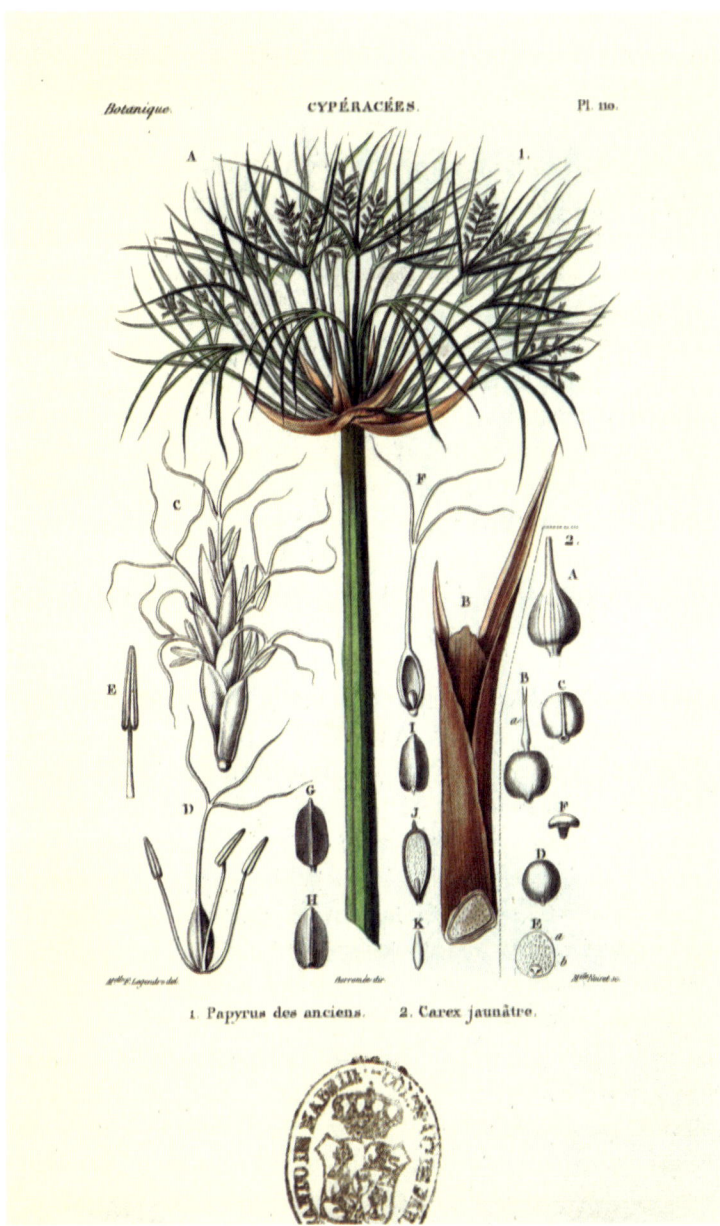

Fig. 3. Lámina botánica con dibujo de papiro. Édouard Spach, *Histoire naturelle des végétaux: phanérogames / Atlas*. París: Typ. Schneider et Langrand, 1846. Biblioteca Histórica de la Universidad Complutense de Madrid, BH MED 17091.

El proceso de fabricación del papiro consistía en la superposición de fibras remojadas del interior del tronco de la planta dispuestas en vertical y en horizontal, formando una hoja rectangular que luego se prensaba. La misma savia de la planta garantizaba la estabilidad del entramado, que se pulimentaba con piedra pómez para convertirlo en una superficie óptima para recibir la escritura, ya fuera con cálamo o con pincel.

El papiro se producía de manera industrial desde muy temprano en la historia, en rollos de medidas más o menos estándar. Estos rollos se construían pegando hojas independientes de unos treinta centímetros de alto y unos veinte de ancho, aunque las medidas podían variar ligeramente dependiendo de productores y calidades. A partir de estos rollos el usuario recortaba la longitud necesaria para escribir documentos o libros. El papiro se fabricaba en varias calidades y precios. Plinio el Viejo (*Historia Natural* 13.23) describe seis variedades de papiro a la venta en el mercado romano de la época e Isidoro de Sevilla (*Etimologías* 6.10), siete. Las calidades dependían de cuán lisa, firme y uniforme en color fuera la superficie. Los materiales considerados inutilizables para la escritura se utilizaban para embalaje.

El «papel» se confecciona a partir del papiro, escindiéndolo con una aguja en láminas muy finas y lo más anchas que se pueda. La primacía la tiene la del centro y después las cortadas sucesivamente desde él. Se denominaba «hierático» al papel que antiguamente se reservaba sólo a los libros sagrados, el cual, para adular a Augusto, recibió su nombre, lo mismo que el segundo recibió el nombre de su mujer Livia, por ello el hierático descendió al tercer puesto de la lista. El siguiente le había sido asignado al anfiteatrítico, por el lugar en que se manufacturaba; el taller del avispado Fanio lo importó a Roma y, de ser corriente, lo convirtió en el primero, tras hacerlo más fino con una cuidadosa modificación, y le dio su nombre; el que no hubiera recibido esta nueva manipulación se siguió llamando anfiteatrítico. Tras éste viene el saítico, por la ciudad donde hay mayor cantidad; de recortes más corrientes y más cercano aún a la corteza está el teneótico, por un lugar cercano, que se vende al peso y no por su calidad. El emporítico, en efecto, inútil para la escritura, se utiliza como envoltorio de cualquier otro papel y para empaquetar mercancías, y por eso recibe su nombre de los mercaderes.

Plinio, *Historia Natural* 13.23
Traducción de Ignacio García Arribas, Biblioteca Clásica Gredos

Sobre papiro se escribía todo tipo de texto o documento en la Antigüedad grecorromana, desde libros de literatura clásica o cristiana a textos paraliterarios, como tratados de ciencia y tecnología, retórica, libros misceláneos de textos para la enseñanza, alquimia, magia, etc. Igualmente, este soporte blando y ligero permitió el desarrollo de una gran burocracia que seguimos sufriendo a día de hoy. Por tanto, en papiro también encontramos toda suerte de documentos públicos o privados que son testimonio de la vida cotidiana en todas sus facetas y de todas las clases sociales: cartas privadas, contratos, recibos de impuestos, cuentas, listas de censos o documentos judiciales, actas de juicios, listas de jornales, amuletos, horóscopos, etc. La información que extraemos de estos documentos, excepcional y única, ofrece un tesoro para interpretar, en casi todos sus registros, el desarrollo de la vida egipcia de la época, una sociedad plural y muy compleja, cuyas particularidades bien pueden extrapolarse a otras zonas del Mediterráneo antiguo. Entre todos estos documentos se encuentran también testimonios que nos hablan de los primeros grupos cristianos de Egipto, probablemente lectores de nuestro códice, cuyos miembros, sus interacciones, vivencias y relaciones familiares y sociales aparecen reflejadas en todo tipo de papiros[1]. Además, debido a que se han recuperado papiros cristianos de diferentes zonas de Egipto, de capitales y ciudades importantes —Hermópolis u Oxirrinco, entre otras—, o de asentamientos más pequeños y remotos, es posible hacernos una idea más concreta de cómo era la distribución geográfica de los cristianos y recabar una ingente cantidad de información social adicional que nos permite comprender de mejor forma cómo se conformó y expandió el cristianismo en Egipto hasta convertirse en la religión oficial del imperio.

Los primeros libros escritos en papiro fueron producidos en formato «rollo», llamado en latín *volumen*, término conectado con el verbo *volvo*, 'girar' o 'enrollar'. Los textos se disponían a lo largo del rollo en horizontal, en columnas sucesivas, que se colocaban en paralelo siguiendo el orden de lectura de la lengua en que estaban escritas (de izquierda a derecha en griego o en latín, de derecha a izquierda en demótico). Los libros escritos en este formato se conservaban

---

1 Naldini 1968, Tibiletti 1979, Martínez 2009; Blumell 2012, Huebner 2019, Arzt-Grabner *et al.* 2023.

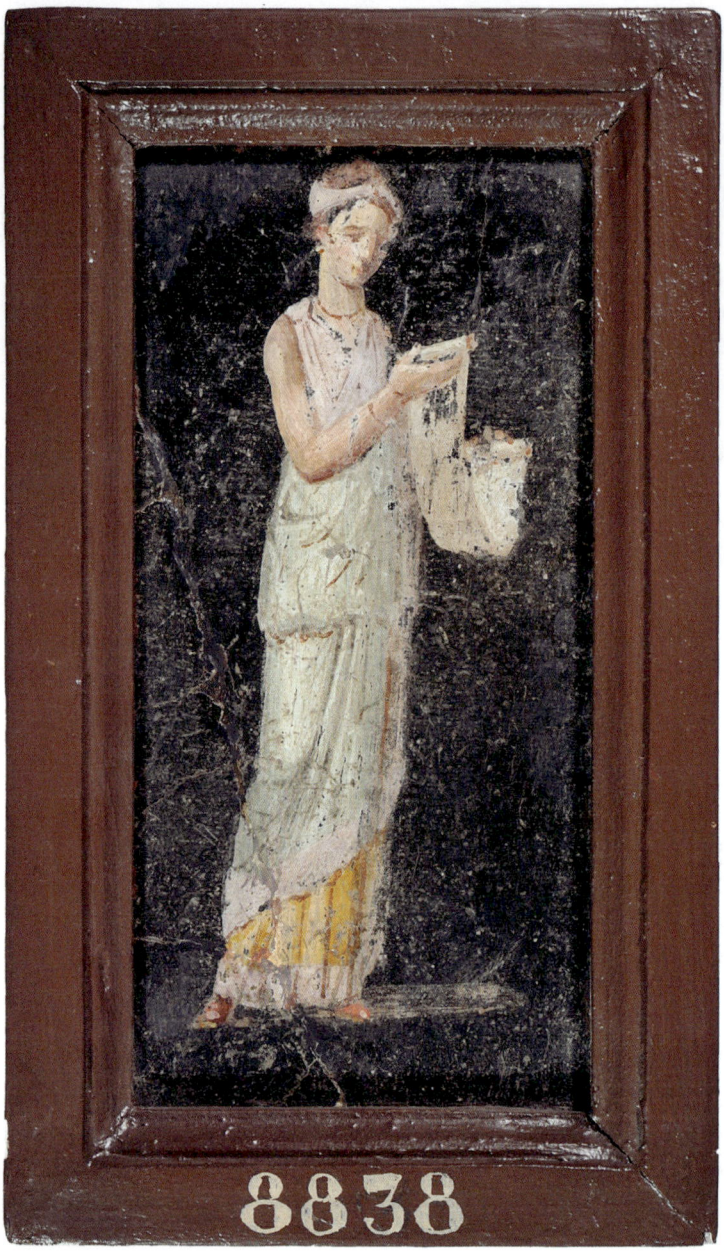

Fig. 4. Fresco de la casa de Giuseppe II, Pompeya, siglo I a. C. Museo Archeologico Nazionale di Napoli.

enrollados y podían llevar un *titulus*, es decir, una pequeña tira de papiro o pergamino que sobresalía del rollo como una etiqueta y en la que se escribía el título o el autor del libro para identificarlo en su estante. Sería el equivalente al identificador escrito en el lomo de un libro moderno. Para leer el texto contenido en este formato, el rollo se iba desenrollando para dejar visible un número de columnas cómodo para el lector. A medida que se iba avanzando en la lectura del texto, se iba enrollando la parte que se había leído. Una vez terminada la obra, el papiro debía volver a enrollarse en sentido contrario hasta llegar a su inicio para facilitar la lectura al siguiente usuario. Para abrir y cerrar los rollos, el lector podía servirse de un *umbilicus*, una pieza cilíndrica de madera con topes en los extremos sobre la que se enrollaba el papiro y que permitía mayor estabilidad a la hora de enrollar y desenrollar el libro. El rollo se utilizó durante gran parte de la Antigüedad, desde el segundo milenio a. C. hasta los primeros siglos de nuestra era[2]. Fue entonces cuando gradualmente este formato fue sustituyéndose por el códice, el tipo de libro con el que hoy en día estamos más familiarizados.

El códice tuvo su origen en época romana. Fue sustituyendo poco a poco al rollo de papiro como vehículo principal de transmisión de la literatura antigua, transición que el estudioso Roger Bagnall describe como «uno de los más importantes cambios tecnológicos del mundo romano»[3]. Este cambio, por el que el códice se convertiría en el vehículo más importante de transmisión del conocimiento, tuvo una serie de fases a través de las cuales el formato adquirió su forma final y su prestigio.

Los códices más antiguos que se han conservado eran de madera. Recordemos que el término latino *codex/caudex* se refería inicialmente a la madera con la que estaba fabricado, pues significa 'tronco'. El formato era paralelo al de las *tabulae ceratae*, es decir, tablillas enceradas que se utilizaban para tomar notas tanto en ambiente escolar como en usos secretariales en el entorno jurídico. La escritura se aplicaba con un estilete sobre la cera, que podía borrarse con un simple alisado.

---

2 Para usos del rollo después de la transición completa al códice en el siglo IV, véase Torallas Tovar 2021.
3 Bagnall 2009, 71.

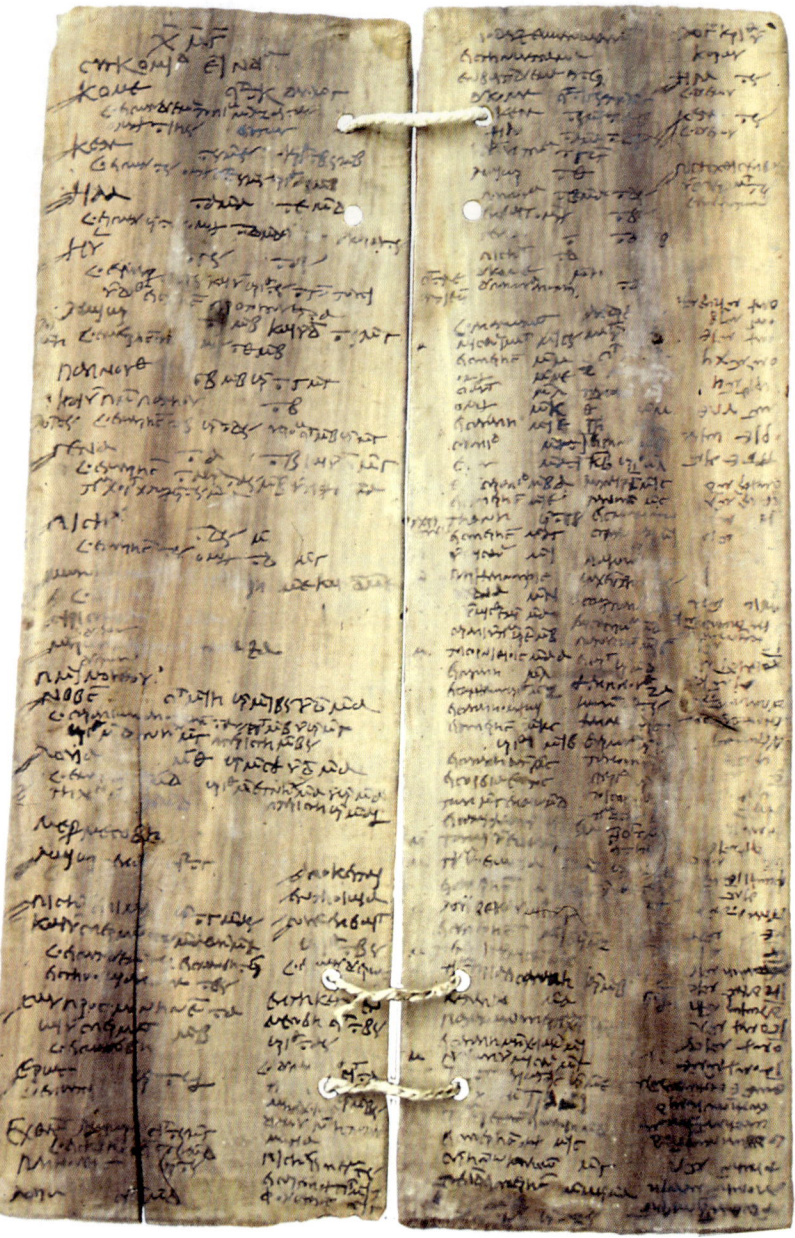

Fig. 5. Libro de cuentas agrícolas. Colin A. Hope, Dakhleh Oasis Project, Kellis, Egipto (tablillas 1v y 2r).

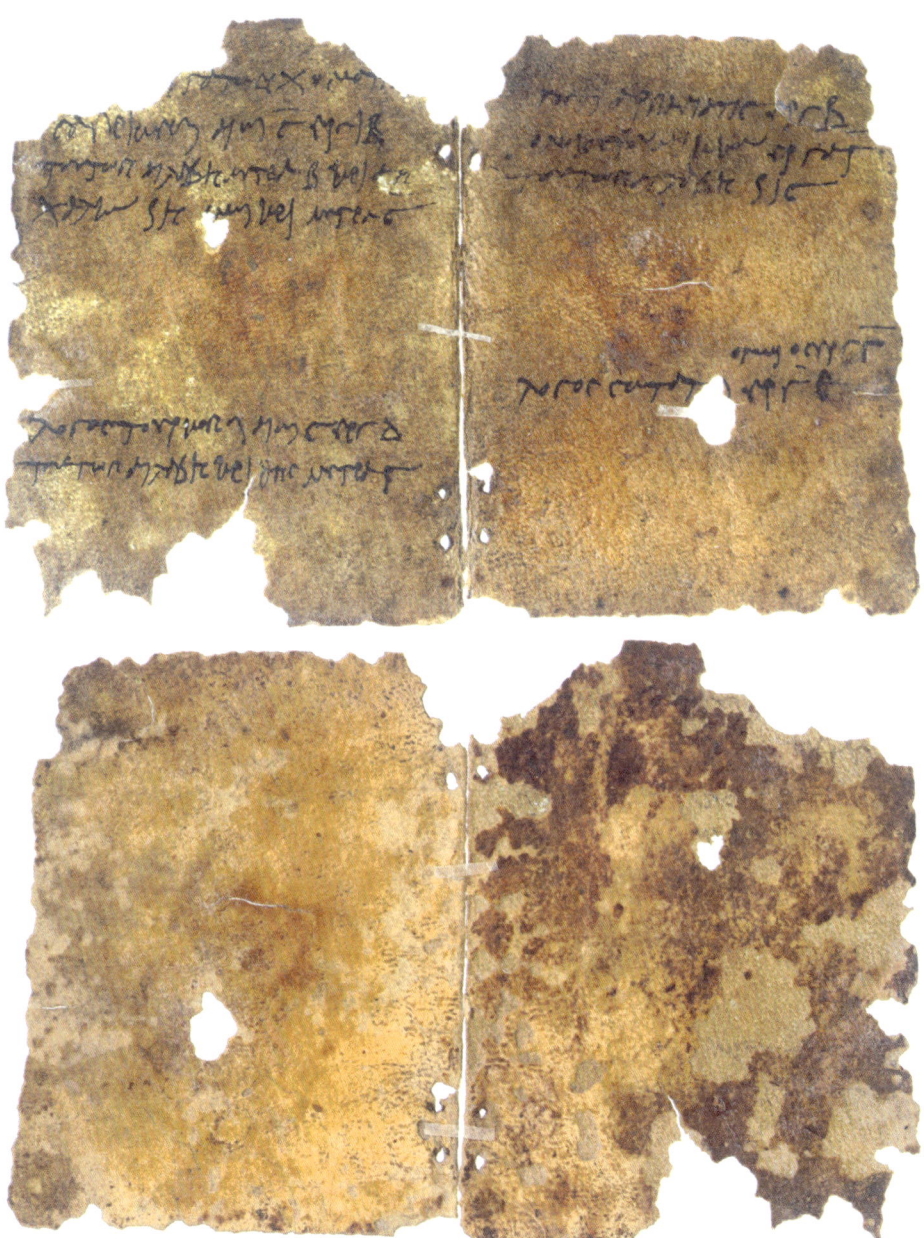

Fig. 6. Dos lados de un bifolio de un códice de cuero. Ägyptisches Museum und Papyrus-sammlung, Staatliche Museen zu Berlin, Berliner Papyrusdatenbank (P 7358 + P 7359).

Aunque el formato básico era de dos tablillas cosidas una a otra, también se usaban conjuntos de múltiples tablillas de madera muy finas que se inscribían directamente con tinta sobre la superficie[4]. Los dípticos de madera ligados se utilizaban en general para textos legales, pues se podían conservar sellados, un formato perfecto para contratos, por ejemplo.

La combinación de este formato en madera, de páginas sucesivas cosidas en uno de sus márgenes, con materiales blandos de escritura, fue el origen del libro moderno, es decir, lo que conocemos como códice. Tenemos evidencia, tanto literaria como arqueológica, de los primeros códices de pergamino (*pugillares membranei* en latín) que imitaban, usando materiales blandos, el formato de las tablillas enceradas y los códices en madera. Los testimonios se remontan a épocas muy tempranas y eran considerados un formato de libro de menor calidad, normalmente utilizado para notas, cuentas, memoranda o borradores.

El poeta hispanorromano Marcial ofrece en el siglo I d. C. uno de los testimonios más interesantes sobre el uso y circulación de los primeros cuadernitos de pergamino[5].

Pugillares membranei
Esse puta ceras, licet haec membrana vocetur:
Delebis, quotiens scripta novare voles.

Códices de pergamino
Piensa que son de cera, aunque se llamen pergaminos:
los borrarás, siempre que quieras renovar lo que has escrito.

Marcial, *Epigramas* XIV 7. Traducción de Dulce Estefanía

La aplicación de este formato al papiro nos lleva a la producción libraria que conocemos bien gracias a los documentos de Egipto. En este entorno es en el que se encuentra nuestro Papiro de Ezequiel, un códice en papiro de gran formato.

---

4 El uso de madera como superficie de escritura está también atestiguado en el archivo de Vindolanda (Gran Bretaña), una colección de documentos administrativos y privados del asentamiento militar romano. Véase Bowman y Thomas 1983.
5 Sobre la terminología libraria en Marcial, véase Vallejo 2008.

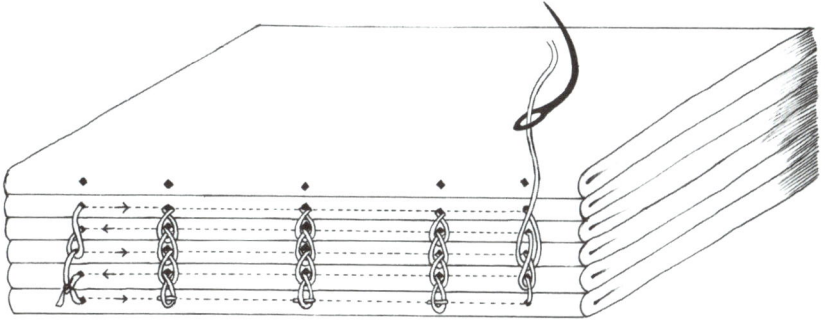

Fig. 7. Esquema de cosido en el lomo de un códice compuesto de cinco cuadernillos. Georgios Boudalis.

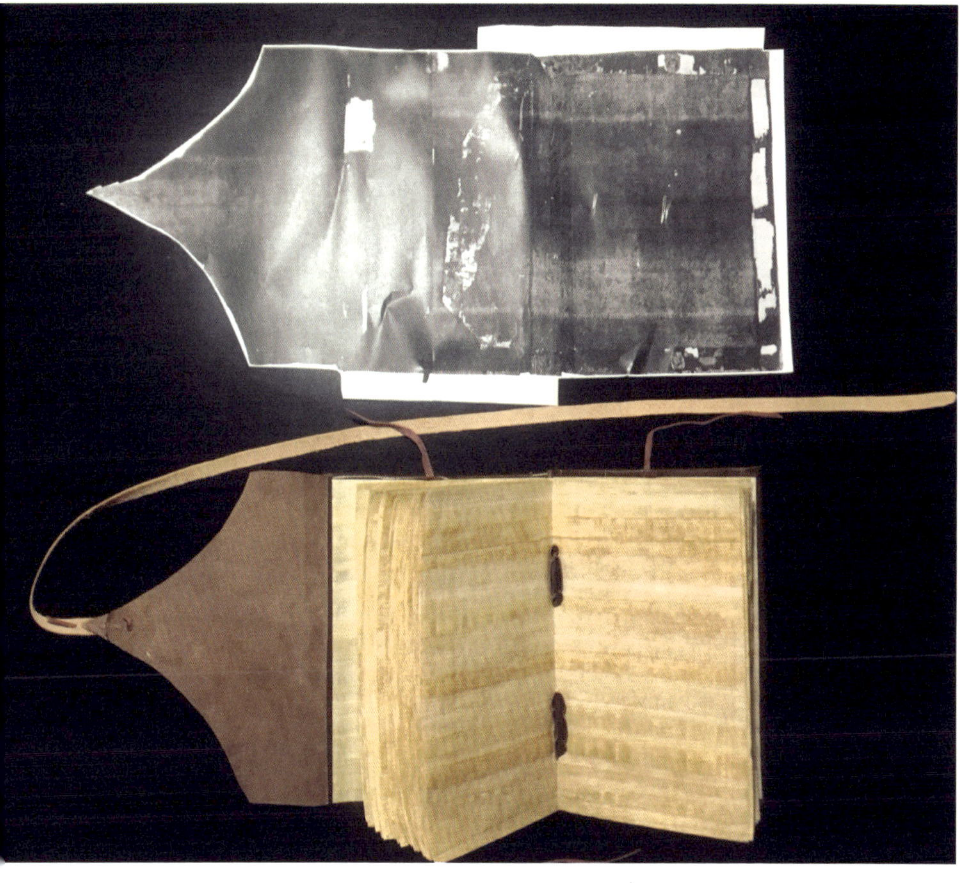

Fig. 8. Facsímil de un códice de un solo cuadernillo con cubierta de cuero. Brent Nongbri.

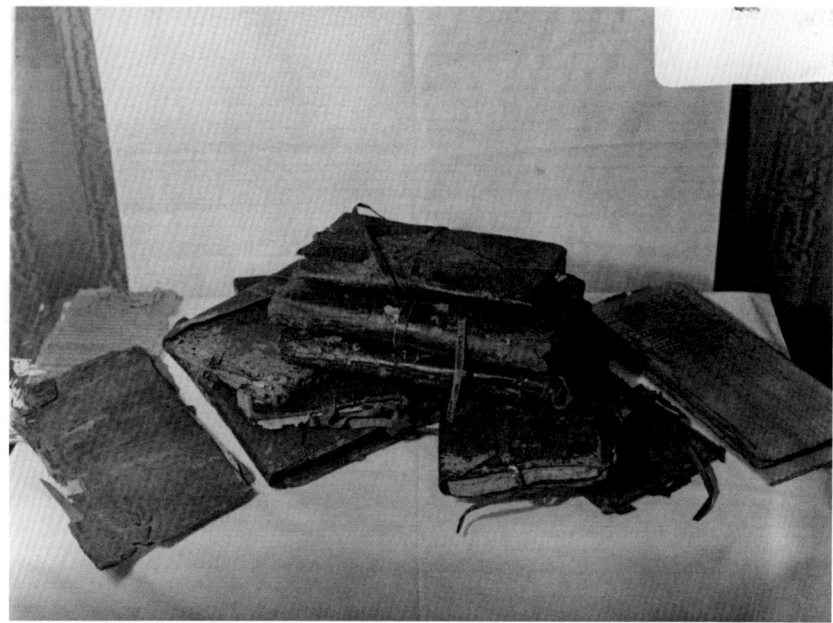

Fig. 9. Códices de Nag Hammadi, s. IV d. C., en la casa de Maria Dattari. Claremont Colleges Digital Library.

Estos primeros códices en papiro se producían apilando hojas de este material, las unas sobre las otras, y doblándolas por la mitad. Así, se constituía el códice formado por un único cuadernillo o fascículo que se fijaba por su pliegue central a través de un cosido. Pronto esta estructura se optimizó y los códices se componían de varios cuadernillos, de un número limitado de hojas y de tamaño regular, que se cosían en orden por el lomo. El libro, montado de esta manera, se completaba con una encuadernación que podía ser de pergamino, cuero o incluso madera.

El paso del rollo de papiro al códice como vehículo de transmisión de la literatura coincidió con la expansión del cristianismo, por lo que resulta tentador relacionar ambos fenómenos. No cabe duda de que los cristianos de Egipto parecen haber adoptado pronto el códice para la transmisión de su literatura, de modo que la mayoría de los textos literarios cristianos de Egipto se conservan en este formato, incluso antes de que el códice se volviera predominante en el siglo IV d. C. Sin embargo, estudiosos como Colin H. Roberts y Theodore C. Skeat ya reconocieron que el códice se utilizaba como formato principal incluso entre los no cristianos, y los trabajos estadísticos de Bagnall y Benjamin Harnett[6], entre otros, han demostrado de forma convincente que el auge del cristianismo y el auge del uso del códice solo coincidieron como desarrollos independientes, demostrando que la correlación no implicaba causalidad[7]. Existen ejemplos muy tempranos de la copia de textos bíblicos en formato códice antes del siglo IV. El propio Papiro de Ezequiel (P967) es un ejemplo sobresaliente, pero las copias que se realizaron a partir del siglo IV son más abundantes y conocidas. Baste como ejemplo el tesoro de papiros también denominado archivo de Dishna, que se encontró a mediados del siglo XX y fue vendido a distintos coleccionistas, entre ellos el bibliófilo suizo Martin Bodmer[8]. La mayoría de estos papiros consiste en grandes porciones de textos del Antiguo y Nuevo Testamento, escritos tanto en griego como en copto (la lengua egipcia hablada en época cristiana y escrita en una adaptación del alfabeto griego), en formato códice. Algunos de los códices más relevantes son P.Bodmer II (P66), una copia griega casi completa del Evangelio de Juan, o el P.Bodmer XIV-XV (P75), también conocido como códice Hanna, conservado en la Biblioteca Vaticana, que contiene grandes porciones de los Evangelios de Lucas y Juan. Recientes estudios relacionan esta antigua biblioteca con otro importante hallazgo de Tebas, en el sur de Egipto, los famosos códices de Nag Hammadi, y rastrean su origen común en una biblioteca monástica[9].

Por supuesto, también hay ejemplos tempranos de textos copiados en Egipto en formato códice que no son bíblicos, como el famoso códice Bodmer de Menandro, gracias al cual se conservan una comedia completa (*El díscolo*) y dos de forma parcial (*La samia* y *El escudo*) y que se fecha en torno al siglo III d. C.[10].

6 Roberts y Skeat 1983, Bagnall 2009, 70-90 y Harnett 2017.
7 Véase también Gamble 1995, 49-66; Elliott 1996; Crisci 2005; Hurtado 2006, 43-93; Torallas Tovar 2021.
8 Robinson 2011; Fournet 2015; Nongbri 2018.
9 Robinson 2011; véase también Jennott y Lundhaug 2015; Lundhaug y Bull 2023.
10 Menandro es un importante comediógrafo griego del siglo III a. C. representante de la Comedia Nueva, cuya obra se nos habría perdido completamente de no ser por hallazgos papiráceos.

LA BIBLIA EN PAPIRO. TRADUCCIONES Y TRANSMISIÓN MANUSCRITA

Traducción al griego de la Biblia hebrea

Según la tradición que se refleja en la llamada Carta de Aristeas (s. II a. C.), bajo el reinado y patrocinio del rey Ptolomeo II, Demetrio de Falero se encargaba de nutrir de copias de libros a la Biblioteca de Alejandría (mediados del siglo III a. C.). Quizá como parte de un programa más amplio de recolección de tradiciones legales, se sintió la necesidad de traducir al griego la ley de los judíos. Para ello, se pidió que fueran enviados a Alejandría desde Judea setenta y dos eruditos (seis por cada tribu) para que trabajaran en una traducción de la Torá al griego. Una vez culminaron su trabajo, se vio que era de una gran perfección y se ratificó como traducción veraz e inviolable del texto sagrado para las comunidades judías de habla griega. Debido a esta historia u otras versiones de la misma, altamente improbables pero muy vistosas, se conoce la traducción griega de los libros sagrados de los judíos como «Biblia de los Setenta» o *Septuaginta*, por el número de sabios que participaron en ella.

El Rey Ptolomeo al Sumo Sacerdote Eleazar, salud y alegría. Dado que sucede que multitud de judíos habitan nuestra tierra, expulsados de Jerusalén por los persas, en los tiempos de su dominio, y que además otros muchos llegaron con nuestro padre a Egipto, cautivos de guerra; [36] muchos de los cuales enroló él mismo en nuestro ejército, con generosa soldada... [38] Queriendo hacer algo grato a ellos, a todos los judíos del orbe y a sus descendientes, hemos decidido traducir vuestra Ley, de la lengua que llamáis hebraica, al griego, a fin de que se halle también en nuestra biblioteca, con los otros libros reales. [39] Obrarías magnánimamente y de un modo digno de nuestra solicitud si eliges hombres de vida irreprochable, Ancianos expertos en la Ley, capaces de traducirla, seis por cada tribu, de modo que se descubra el acuerdo de la mayoría, visto que la investigación versa sobre algo de altísima importancia. Pues pensamos que, cumplida esta tarea, nos reportará gran gloria...

Y acaeció que la traducción fue completada en setenta y dos días, como si hubiese sucedido por una suerte de premeditación. [308] Cuando se llegó al cumplimiento, reunió Demetrio a la comunidad de los judíos en aquel lugar donde la traducción había sido realizada, y se la leyó a todos, en presencia de los Traductores, que se granjearon una recepción magnífica también por parte del pueblo, como responsables de magníficos bienes.

Carta de Aristeas a Filócrates [selección]
Traducción de Jaume Pòrtulas

Esta traducción fue la Biblia que utilizaron los judíos alejandrinos en sus sinagogas, la estudiada en sus escuelas, la que dictaba su ley. La primera traducción se hizo de los primeros cinco libros, es decir, del Pentateuco, la Ley o Torá, pero después fueron traduciéndose el resto de libros.

Uno de los sabios alejandrinos que la usaron fue el filósofo Filón. Para conceder legitimidad a la traducción de un texto que consideraba tan sagrado como el original, explica su visión de las técnicas de traducción en los Setenta[11]:

Y, sin embargo, ¿quién no sabe que toda lengua, y la griega por encima de todas las demás, es rica en palabras, y que se puede traducir una expresión y parafrasearla, para exponerla de muchas maneras, adaptando a ella muchas formas de expresión diferentes en distintos momentos? Pero esto, dicen, no ocurrió en absoluto en esta traducción de la ley, sino que, en todos los casos, se emplearon palabras griegas exactamente correspondientes para traducir literalmente las palabras caldeas apropiadas,

---

11 Véase Janowitz 1991, 138-139; Veltri 2006, 199-200.

adaptándose con gran propiedad a los asuntos que debían explicarse; pues así como supongo que las cosas que se demuestran en la geometría y la lógica no admiten ninguna variedad de explicación, sino que la proposición que se expuso desde el principio permanece inalterada, de la misma manera concibo que estos hombres encontraron palabras que se correspondían precisa y literalmente con las cosas, palabras que estaban destinadas por sí solas, o en el mayor grado posible, a explicar con claridad y fuerza los asuntos que se deseaba revelar.

Filón de Alejandría, *Sobre la vida de Moisés* II 38-40
Traducción de las autoras

En este pasaje, Filón de Alejandría defiende la legitimidad de la traducción de los Setenta, quizá frente a las críticas que estaba recibiendo, bien por no ser una traducción exacta del hebreo original, bien por no estar escrita en un griego elegante. Ambas cosas son verdad. En la Antigüedad, el debate sobre la traducción se disponía en dos frentes. Por un lado, el respeto a la palabra original, que tuvo como resultado la traducción literal; por otro, la búsqueda de una traducción que respetara el sentido, pero que se adecuara a la lengua de destino y no la distorsionara para reflejar la literalidad de la lengua original[12]. Filón aborda aquí el problema afirmando que la relación de las palabras en la traducción de la ley no es contingente ni arbitraria, sino tan estable y universal como los objetos matemáticos. El de Filón es el enfoque de la traducción inspirada, porque los setenta y dos traductores coincidieron milagrosamente en sus traducciones[13], aunque admite que se pueden hacer traducciones libres de otro tipo de textos[14].

Aparentemente la legitimación del texto de los Setenta como texto inspirado no eliminó el deseo, motivado por la reverencia a la autoridad del original, de una traducción más literal, *verbum e verbo*, o, por el contrario, de una lengua de destino más natural, y se produjeron multitud

---

12 Brock 1979, 69-87; Brock 1972, 11-36; Janowitz 1991, 129-140.
13 También en la *Cohortatio ad Graecos* cap. XIII, atribuida a Justino, la narración sobre la producción de los Setenta. Véase Veltri 2006, 44-47.
14 Igualmente Jerónimo Ep. ad Pam. 5, «Porque yo mismo no sólo admito, sino que proclamo libremente que al traducir del griego (excepto en el caso de las Sagradas Escrituras, donde incluso el orden de las palabras es un misterio), traduzco sentido por sentido y no palabra por palabra».

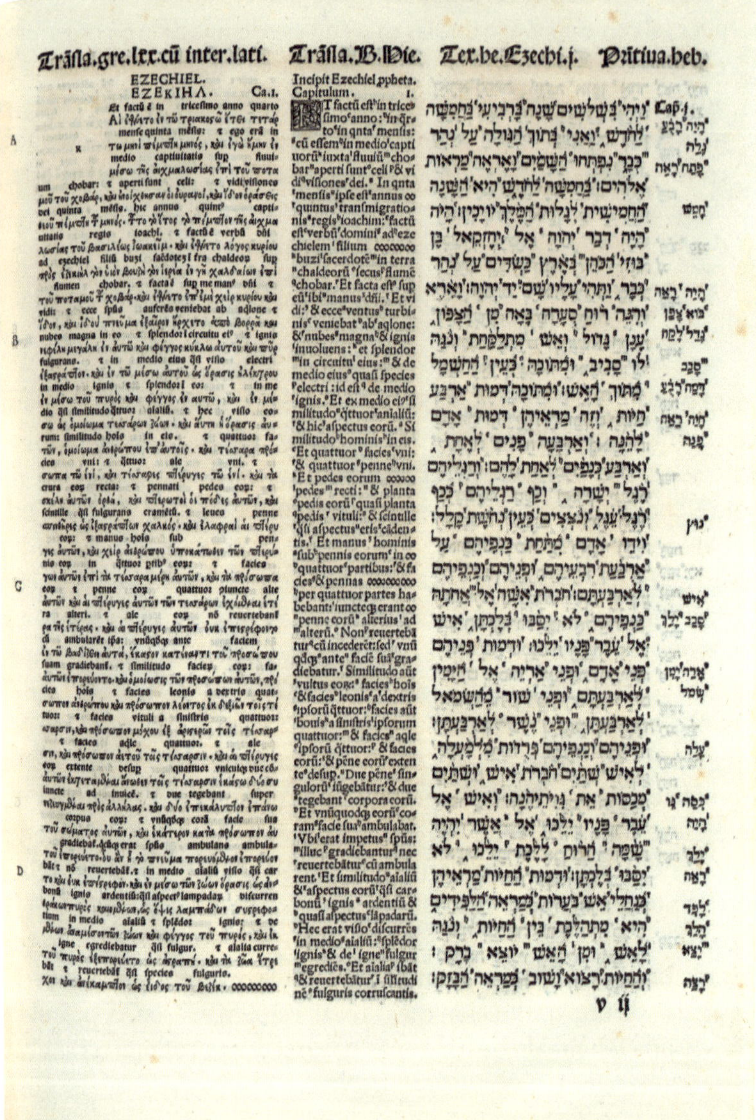
Trāsla.gre.lxx.cū inter.lati. Trāsla.B.Hie. Tex.he.Ezechi.j. Pritiua.heb.

EZECHIEL.
ΕΖΕΚΙΗΛ. Ca.i.

Incipit Ezechiel pphets.
Capitulum. i.

Fig. 10. Comienzos del Libro de Ezequiel y del Libro de Daniel. *Biblia. Políglota. Vetus testamentū multiplici lingua nūc primo impressum, Et imprimis Pentateuchus Hebraico Greco atq[ue] Chaldaico idiomate adiūcta vnicuiq[ue] sua latina interpretatione.* BNE, U/5887-U/5891, vol. 4 (fol. v2r, fol. ee4r).

Prologus.

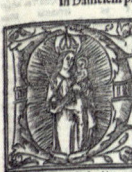

Incipit Prologus sancti Hieronymi in Danielem prophetam.

Anielem prophetam iuxta septuaginta interpretes domini saluatoris ecclesiæ non legit: vtentes theodotionis æditiõe. Et hoc cur acciderit: nescio. Siue enim quia sermo chaldaicus est & quibusdam pprietatibus a nostro eloquio discrepat: noluerunt septuaginta interpretes easdem linguæ lineas in translatione seruare, siue sub nomine eorũ ab alio nescio quo non satis chaldeã linguam sciente æditus est liber: siue aliud quid causæ sit ignorans: hoc vnum affirmare possum φ multum a veritate discordet: & recto iudicio repudiatus sit. Sciendum quip pe Danielem maxime & Sidram hebraicis quidem litteris sed chaldeo sermone conscriptos: & vnam Hieremiæ pericopen: iob quoqφ cũ arabica lingua plurimã habere societatem. Deniφ & ego adolescẽtulus post Quintiliani & Tullii lectionem ac flores rhetoricos: cum me in linguæ huius pistrinum reclusissem: & multo sudore multoqφ tempore vix cepissem anhelantia stridentiaqφ verba resonare: & quasi p cryptam ambulans rarum desuper lumen aspicerem impegi nouissime in Danielem. Et tanto tedio affectus sum: vt desperatione subita omnem laborem veterem voluerim cõ temnere. Verum adhortante me quodam hebreo & illud mihi crebrius sua lingua ingerente: labor improbus omnia vincit: qui mihi videbar sciolus inter hebreos: cepi rur sus discipulus esse chaldaicus. Et vt verum fatear vsqφ ad pre sentem diem magis possum sermonem chaldaicum legere & intelligere φ sonare. Hæc idcirco refero vt difficultatem vobis Danielis ostenderem: quæ apud hebreos nec Susannæ habet historiam: nec hymnum trium puerorum: nec belis draconisqφ fabulas: quas nos (quia in toto orbe dispersæ sunt) veru anteposito easqφ iugulante subiecimus: ne videremur apud imperitos magnam partem voluminis detrun casse. Audiui ego quendam de præceptoribus iudeorum cũ Susannæ derideret historiam & a græco nescio quo eam dice ret esse confictam: illud opponere quod origeni quoqφ africanus opposuit: etymologias has apo tu chynu chy

se & apo tu prynu pryse de græco sermone descendere. Cuius rei nos intelligentiam nostris hanc possumus dare: vt verbi gratia. Dicamus continuo de arbore ilice dixisse eum ilico pereas. & a lentisco in lentem te comminuat ange lus: vel non lente pereas. aut lentus id est flexibilis duca ris ad mortem: siue aliud quid ad arboris nomen cõueniens. Deinde tantum fuisse ocii tribus pueris cauillabatur: vt in ca mino estuantis incendii metro luderent: & per ordinem ad laudem dei omnia elementa prouocarent. Aut quod miraculum diuinæqφ aspirationis iudicium: vel draconem inter fectum offa picis: vel sacerdotum belis machinas deprehen sas quæ magis prudentiæ solertis viri φ prophetali essent spiritu perpetrata. Cum vero abacuch veniret & de iudea in chaldeam raptum discoforum lectitaret: querebat exemplum vbi legissemus in toto veteri testamento quenφ san ctorum graui molasse corpore & in puncto horæ tanta terra rum spacia transisse. Cui cum quidam e nostris satis ad lo quendum promptulus ezechielem adduxisset in medium: & diceret eum de chaldea in iudeam fuisse translatum: deri sit hominem: & ex ipso uolumine demostrauit Ezechie lem in spiritu se vidisse transpositum. Deniφ & apostolum nostrum videlicet vt eruditum virum & qui legem ab he breis didicisset nõ fuisse ausum affirmare se raptum in cor pore sed dixisse: siue in corpore siue extra corpus: nescio de us scit. His & talibus argumentis apochryphas in libro ec clesiæ fabulas arguebat. Super qua re lectoris arbitrio iudici um derelinquens illud ammoneo non haberi Danielem apud hebreos inter prophetas: sed inter eos qui hagiogra pha conscripserunt. In tres siquidem partes omnis ab eis scriptura diuiditur: in legem: in prophetas: & in hagiogra pha: id est in quinqφ & octo & in vndecim libros: de quo nõ est huius temporis disserere. Quæ autem ex hoc propheta immo contra hunc librum porphyrius obiiciat: testes sunt methodius: eusebius: & appollinaris: qui multis versuum milibus eius vesaniæ respondentes: nescio an curioso lecto ri satisfecerint. Vnde obsecro vos o paula & eustochium fundatis pro me ad dominum preces vt φ diu in hoc corpu sculo sum scribam aliquid gratum vobis: vtile ecclesiæ: dig num posteris. Præsentium quippe iudiciis obiactrantium non satis moueor: qui in vtranqφ partem aut amore labun tur aut odio.

Explicit prologus.

Trãsla.gre.lxx.cũ iter.latina. ● Trãsla.B.Vie. ● Ter.beb.Dani.j. Primiua.beb.

DANIEL.
ΔΑΝΙΗΛ.

In ãno tertio regni ioachim re N Tru τρίτω τῆς βασιλείας Ἰωακὶμ βα gis iuda: venit nabuchodonosor rex σιλέως Ἰούδα, ἦλθεν ναβουχοδονόσορ βασιλεὺ babylonia in hierusalem φ obsidebat ea βαβυλῶνος εἰς ἱερουσαλήμ, καὶ ἐπολιόρκει αὐτήν

Incipit Daniel propheta.
Capitulum .

H Nno tertio regni ioachim regis iuda venit nabu hodonosor rex babylonis hierusalẽ & obsedit eam: & tradidit dominus in manu eius ioachim regem iude: oo & parte vasorũ domus dei: & asportauit ea in oo terrã sennaar in domum dei sui: & vasa oo intulit in domum dei sui. & Et ait oo rex assenez posito eu nuchorũ: vt itroduceret

מִשְׁנַת שָׁלוֹשׁ לְמַלְכוּת יְהוֹיָקִים
מֶלֶךְ יְהוּדָה בָּא נְבוּכַדְנֶאצַּר מֶלֶךְ
בָּבֶל יְרוּשָׁלַם וַיָּצַר עָלֶיהָ וַיִּתֵּן
אֲדֹנָי בְּיָדוֹ אֶת יְהוֹיָקִים מֶלֶךְ יְהוּדָה
וּמִקְצָת כְּלֵי בֵית הָאֱלֹהִים וַיְבִיאֵם
אֶרֶץ שִׁנְעָר בֵּית אֱלֹהָיו וְאֶת הַכֵּלִים
הֵבִיא בֵּית אוֹצַר אֱלֹהָיו וַיֹּאמֶר
הַמֶּלֶךְ לְאַשְׁפְּנַז רַב סָרִיסָיו לְהָבִיא

ce iiii

de ajustes, así como nuevas traducciones[15]. Pronto se fueron detectando las diferencias del texto o textos griegos con la Biblia hebrea y se abrió un proceso de revisiones para acomodar el texto griego de los Setenta. Es el caso de Aquila de Sínope, que tradujo la Ley al griego a principios del siglo II d. C.[16]. La extrema literalidad de su traducción, «esclava de la lengua hebrea» (según Ireneo de Lyon, *Contra las herejías* 3.21.1-4), oscureció el texto, forzando la sintaxis, utilizando términos inusuales o insistiendo en traducir cada una de las palabras respetando estrictamente su orden en hebreo, hasta el extremo de hacerse a menudo ininteligible. La traducción de Símaco, de finales del siglo II d. C., presenta un método opuesto al de Aquila, y está escrita en un griego elegante y tendente a la perífrasis, mientras que la traducción de Teodoción, también de mediados del siglo II d. C., presenta igualmente un griego natural y refinado.

Esta multiplicidad de traducciones circulando al mismo tiempo, y otras que probablemente se nos hayan perdido, dieron lugar a una situación de confusión que Orígenes, un importante teólogo cristiano de Alejandría del siglo III d. C., sintió la necesidad de aclarar.

Ahora bien, es evidente que se han producido muchas diferencias en las copias bien por la indiferencia de ciertos escribas, bien por la equivocada osadía de algunos en la corrección de las cosas escritas, o incluso por los que, en su corrección, añadieron o quitaron cosas según sus propias opiniones. El desacuerdo, pues, en las copias del Antiguo Testamento, encontramos que se arregla, con la ayuda de Dios, al hacer uso del resto de las copias como criterio. Pues, con los puntos dudosos en los LXX surgidos del desacuerdo de las copias, hicimos un juicio a partir del resto de las ediciones, y conservamos los puntos de acuerdo entre ellas, marcamos con un *obelus* aquellos pasajes no encontrados en el hebreo (sin atrevernos a eliminarlos por completo), y añadimos otros junto con un asterisco para que quedara claro que hemos añadido pasajes no encontrados en los LXX a partir del resto de las ediciones de acuerdo con el texto hebreo.

Orígenes, *Comentario a Mateo* 15.14
Traducción de las autoras

---

15 Ireneo de Lyon es el primero que menciona las versiones de Teodoción y Aquila en *Adv. Haer.* 3:21:1-4, Fernández Marcos 1998; Salvesen 1998; André 1987, 220-245.
16 Véase Veltri 2006, 163-179.

En su obra *Hexapla* hizo un enorme trabajo filológico en el que marcó las diferencias entre los cuatro textos griegos principales en contraste con el texto hebreo entonces en uso, disponiendo todo en seis columnas (de ahí su nombre) que colocó con el siguiente orden: el texto hebreo, la transcripción del hebreo al alfabeto griego, la versión de Aquila, la versión de Símaco, la versión de los Setenta, la versión de Teodoción.

Aunque este trabajo de Orígenes llenó el texto bíblico de datos valiosos, también complicó mucho su transmisión. Debido a este particular, un códice como el Papiro de Ezequiel, prehexaplar, libre de contaminaciones, tiene un valor excepcional, pero, por supuesto, también sus propios problemas.

En cuanto al uso cristiano y judío del texto griego, la separación llegó a fines del siglo I d. C., cuando se impone en el judaísmo el texto hebreo depurado por los rabinos frente a la Biblia griega, que entonces pasa a manos de los cristianos hasta convertirse en su Biblia oficial. Esto no quita que algunas comunidades judías helenizadas la utilizaran también en esta primera época, como ya hemos comentado en el caso de Filón de Alejandría.

Por supuesto, la Biblia siguió traduciéndose, al latín primero y a lenguas vernáculas muchos siglos después, siempre con gran cuidado en su producción e iluminación, así como en la fijación correcta del texto en las diversas lenguas, siendo la Biblia Políglota Complutense un ejemplo sobresaliente de este empeño por la correcta fijación del texto sagrado. Las páginas bíblicas han llegado hasta nosotros desde la Antigüedad en todo tipo de materiales y formatos: de los primeros papiros a las copias posteriores en pergamino y papel, de ejemplares modestos a impresionantes códices miniados, de todos los tamaños y formatos, de textos manuscritos a incunables y los libros de imprenta, objetos de gran importancia histórica que se conservan con cuidado en las bibliotecas de todo el mundo. De todos ellos, los papiros son los más antiguos y cercanos a su origen.

Los papiros y la Biblia

Gracias a los textos papiráceos, conservamos los testimonios materiales más antiguos de la Biblia, es decir, de los libros propiamente dichos que circulaban con texto bíblico. Se han conservado fragmentos y libros casi

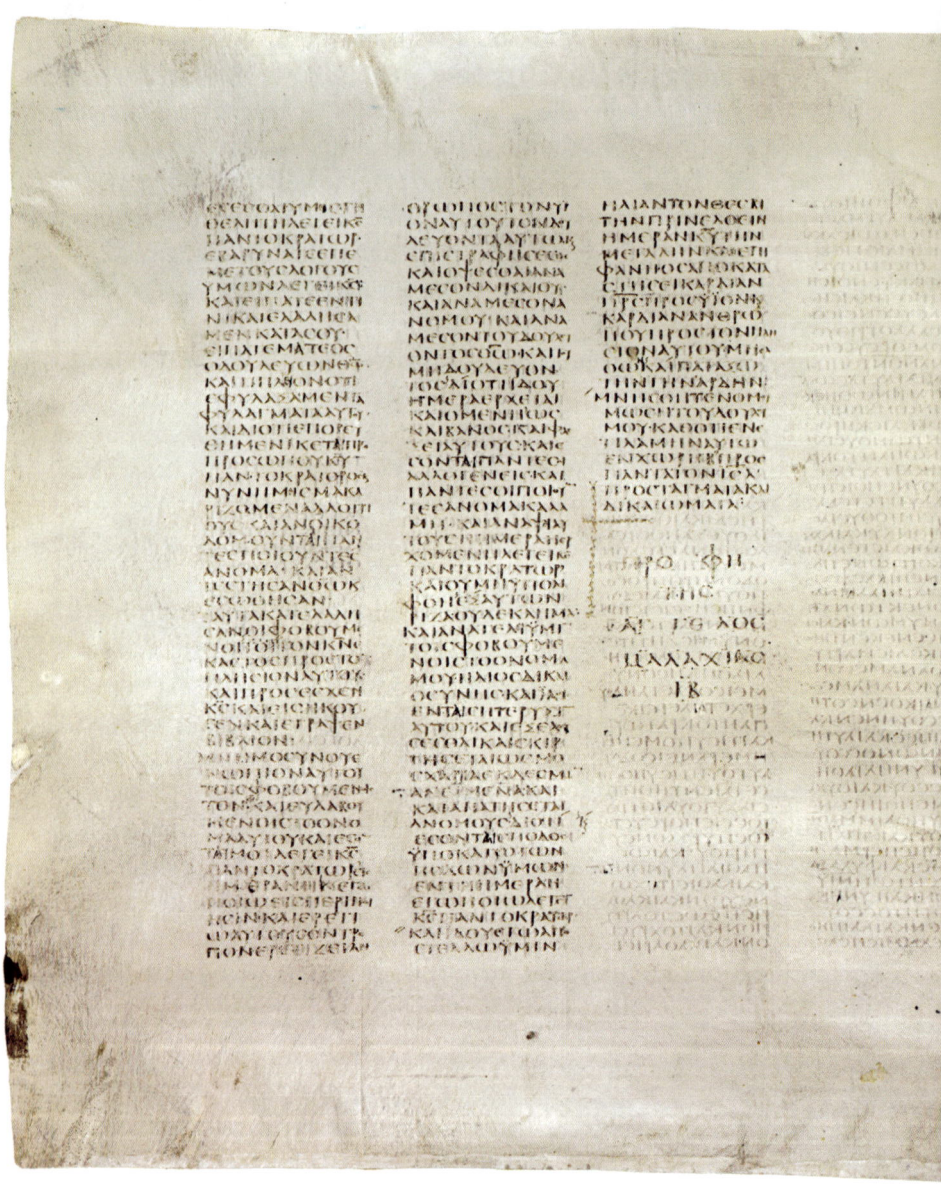

Fig. 11. *Codex Sinaiticus*, siglo IV d. C. British Library, MS 43725.

ΜΑΚΑΡΙΟϹΑΝΗΡΟϹΟΥΚΕΠΟΡΕΥΘΗ ΕΝ ΒΟΥ
ΛΗΑϹΕΒΩΝ
ΚΑΙΕΝΟΔΩΑΜΑΡΤΩΛΩΝΟΥΚΕϹΤΗ
ΚΑΙΕΠΙΚΑΘΕΔΡΑΛΟΙΜΩΝΟΥΚΕΚΑΘΙϹΕΝ
ΑΛΛΗΕΝΤΩΝΟΜΩΚΥΤΟΘΕΛΗΜΑΑΥΤΟΥ
ΚΑΙΕΝΤΩΝΟΜΩΑΥΤΟΥΜΕΛΕΤΗϹΕΙΗΜΕ
ΡΑϹΚΑΙΝΥΚΤΟϹ
ΚΑΙΕϹΤΑΙΩϹΤΟΞΥΛΟΝΤΟΠΕΦΥΤΕΥΜΕ
ΝΟΝΠΑΡΑΤΑϹΔΙΕΞΟΔΟΥϹΤΩΝΥ
ΔΑΤΩΝΟΤΟΝΚΑΡΠΟΝΑΥΤΟΥΔΩϹΕΙΕΝΚΑΙΡΩ
ΚΑΙΤΑΦΥΛΛΟΝΑΥΤΟΥΟΥΚΑΠΟΡΡΥΗϹΕΤΑΙ
ΚΑΙΠΑΝΤΑΟϹΑΑΝΠΟΙΗΚΑΤΕΥΟΔΩΘΗϹΕΤΑΙ
ΟΥΧΟΥΤΩϹΟΙΑϹΕΒΕΙϹΟΥΧΟΥΤΩϹ
ΑΛΛΗΩϹΟΧΝΟΥϹΟΝΕΚΡΙΠΤΕΙΟΑΝΕΜΟϹ
ΑΠΟΠΡΟϹΩΠΟΥΤΗϹΓΗϹ
ΔΙΑΤΟΥΤΟΟΥΚΑΝΑϹΤΗϹΟΝΤΑΙΑϹΕΒΕΙϹ
ΕΙϹΚΡΙϹΙΝ
ΟΥΔΕΑΜΑΡΤΩΛΟΙΕΝΒΟΥΛΗΔΙΚΑΙΩΝ
ΟΤΙΓΙΝΩϹΚΕΙΚϹΟΔΟΝΔΙΚΑΙΩΝ
ΚΑΙΟΔΟϹΑϹΕΒΩΝΑΠΟΛΕΙΤΑΙ
ΙΝΑΤΙΕΦΡΥΑΞΑΝΕΘΝΗΚΑΙΛΑΟΙΕΜΕΛΕ
ΤΗϹΑΝΚΕΝΑ
ΠΑΡΕϹΤΗϹΑΝΟΙΒΑϹΙΛΕΙϹΤΗϹΓΗϹ
ΚΑΙΟΙΑΡΧΟΝΤΕϹϹΥΝΗΧΘΗϹΑΝΕΠΙΤΟΑΥΤΟ
ΚΑΤΑΤΟΥΚΥΚΑΙΚΑΤΑΤΟΥΧΥΑΥΤΟΥ
ΔΙΑΨΑΛΜΑ
ΔΙΑΡΡΗΞΩΜΕΝΤΟΥϹΔΕϹΜΟΥϹΑΥΤΩΝ
ΚΑΙΑΠΟΡΡΙΨΩΜΕΝΑΦΗΜΩΝΤΟΝΖΥ
ΓΟΝΑΥΤΩΝ
ΟΚΑΤΟΙΚΩΝΕΝΟΥΡΑΝΟΙϹΕΚΤΕΛΑϹΕϹ
ΤΑΙΑΥΤΟΥϹ
ΚΑΙΟΚϹΕΚΜΥΚΤΗΡΙΕΙΑΥΤΟΥϹ
ΟΤΕΛΑΛΗϹΕΙΠΡΟϹΑΥΤΟΥϹΕΝΟΡΓΗΑΥΤΩ
ΚΑΙΕΝΤΩΘΥΜΩΑΥΤΟΥΤΑΡΑΞΕΙΑΥΤΟΥϹ
ΕΓΩΔΕΚΑΤΕϹΤΑΘΗΝΒΑϹΙΛΕΥϹΥΠΑΥΤΟΥ
ΕΠΙϹΙΩΝΟΡΟϹΤΟΑΓΙΟΝΑΥΤΟΥ
ΔΙΑΓΓΕΛΛΩΝΤΟΠΡΟϹΤΑΓΜΑΚΥ
ΚϹΕΙΠΕΝΠΡΟϹΜΕΥΙΟϹΜΟΥΕΙϹΥ
ΕΓΩϹΗΜΕΡΟΝΓΕΓΕΝΝΗΚΑϹΕ
ΑΙΤΗϹΑΙΠΑΡΕΜΟΥΚΑΙΔΩϹΩϹΟΙΕΘΝΗ
ΤΗΝΚΛΗΡΟΝΟΜΙΑΝϹΟΥ
ΚΑΙΤΗΝΚΑΤΑϹΧΕϹΙΝϹΟΥΤΑΠΕΡΑΤΑ
ΤΗϹΓΗϹ
ΠΟΙΜΑΝΕΙϹΑΥΤΟΥϹΕΝΡΑΒΔΩϹΙΔΗΡΑ
ΔΕϹΚΕΥΟϹΚΕΡΑΜΕΩϹϹΥΝΤΡΙΨΕΙϹΑΥ
ΚΑΙΝΥΝΒΑϹΙΛΕΙϹϹΥΝΕΤΕ
ΠΑΙΔΕΥΘΗΤΕΠΑΝΤΕϹΟΙΚΡΙΝΟΝΤΕϹ
ΤΗΝΓΗΝ

ΛΟΥϹΑΥϹΥΕΑΤΕΤΩΚΔΕΝΦΟΒΩ
ΚΑΙΑΓΑΛΛΙΑϹΘΕΑΥΤΩΕΝΤΡΟΜΩ
ΔΡΑΞΑϹΘΕΠΑΙΔΙΑϹΜΗΠΟΤΕΟΡΓΙϹΘΗΚϹ
ΚΑΙΑΠΟΛΕΙϹΘΕΕΞΟΔΟΥΔΙΚΑΙΑϹ
ΟΤΑΝΕΚΚΑΥΘΗΕΝΤΑΧΕΙΟΘΥΜΟϹΑΥΤΟΥ
ΜΑΚΑΡΙΟΙΠΑΝΤΕϹΟΙΠΕΠΟΙΘΟΤΕϹ
ΕΠΑΥΤΩ

ΚΕΤΙΕΠΛΗΘΥΝΘΗϹΑΝΟΙΘΛΙΒΟΝΤΕϹΜΕ
ΠΟΛΛΟΙΕΠΑΝΙϹΤΑΝΤΑΙΕΠΕΜΕ
ΠΟΛΛΟΙΛΕΓΟΥϹΙΝΤΗΨΥΧΗΜΟΥΟΥΚΕ
ϹΤΙΝϹΩΤΗΡΙΑΑΥΤΩΕΝΤΩΘΩ
ϹΥΔΕΚΕΑΝΤΙΛΗΜΠΤΩΡΜΟΥΕΙ
ΔΟΞΑΜΟΥΚΑΙΥΨΩΝΤΗΝΚΕΦΑΛΗΝΜΟΥ
ΦΩΝΗΜΟΥΠΡΟϹΚΝΕΚΕΚΡΑΞΑ
ΚΑΙΕΠΗΚΟΥϹΕΝΜΟΥΕΞΟΡΟΥϹΑΓΙΟΥ
ΑΥΤΟΥ ΔΙΑΨΑΛΜΑ
ΕΓΩΕΚΟΙΜΗΘΗΝΚΑΙΥΠΝΩϹΑ
ΕΞΗΓΕΡΘΗΝΟΤΙΚϹΑΝΤΙΛΗΜΨΕΤΑΙΜΟΥ
ΟΥΦΟΒΗΘΗϹΟΜΑΙΑΠΟΜΥΡΙΑΔΩΝΛΑΟΥ
ΤΩΝΚΥΚΛΩΕΠΙΤΙΘΕΜΕΝΩΝΜΟΙ
ΑΝΑϹΤΑΚΕϹΩϹΟΝΜΕΟΘϹΜΟΥ
ΟΤΙϹΥΕΠΑΤΑΞΑϹΠΑΝΤΑϹΤΟΥϹ
ΝΟΝΤΑϹΜΟΙΜΑΤΑΙΩϹ
ΟΔΟΝΤΑϹΑΜΑΡΤΩΛΩΝϹΥΝΕΤΡΙΨΑϹ
ΤΟΥΚΥΗϹΩΤΗΡΙΑΚΑΙΕΠΙΤΟΝΛΑΟΝϹΟΥ
ΗΕΥΛΟΓΙΑϹΟΥ

ΕΝΤΩΕΠΙΚΑΛΕΙϹΘΑΙΜΕΕΙϹΗΚΟΥϹΕΝ
ΜΟΥΟΘϹΤΗϹΔΙΚΑΙΟϹΥΝΗϹΜΟΥ
ΕΝΘΛΙΨΕΙϹΕΠΛΑΤΥΝΑϹΜΟΙ
ΟΙΚΤΕΙΡΗϹΟΝΜΕΚΑΙΕΙϹΑΚΟΥϹΟΝΤΗϹ
ΠΡΟϹΕΥΧΗϹΜΟΥ
ΥΙΟΙΑΝΩΝΕΩϹΠΟΤΕΒΑΡΥΚΑΡΔΙΟΙ
ΙΝΑΤΙΑΓΑΠΑΤΕΜΑΤΑΙΟΤΗΤΑΚΑΙ ΖΗ
ΤΕΙΤΕΨΕΥΔΟϹ ΔΙΑΨΑΛΜΑ
ΚΑΙΓΝΩΤΕΟΤΙΕΘΑΥΜΑϹΤΩϹΕΝΚϹ
ΤΟΝΟϹΙΟΝΑΥΤΟΥ
ΚϹΕΙϹΑΚΟΥϹΕΤΑΙΜΟΥΕΝΤΩΚΕΚΡΑΓΕ
ΝΑΙΜΕΠΡΟϹΑΥΤΟΝ
ΟΡΓΙΖΕϹΘΕΚΑΙΜΗΑΜΑΡΤΑΝΕΤΕ
ΑΛΕΓΕΤΕΕΝΤΑΙϹΚΑΡΔΙΑΙϹΥΜΩΝΕΠΙΤΙΝ

completos tanto del Antiguo Testamento (especialmente de la traducción de la Biblia hebrea a la lengua griega), como del Nuevo Testamento. Estos testimonios nos aportan información de primera mano sobre el uso de estos textos, sus traducciones y su circulación para componer, en la medida de lo posible, el panorama completo de la historia de la traducción y producción del texto bíblico en Egipto, tanto en griego como, después, en copto, además de su estandarización, canonización y circulación. También es importante que, como artefactos materiales que son, los papiros nos aportan información de los formatos de libro en que circulaba el texto bíblico, las calidades de material y escritura, y los usos en todos los estratos de la sociedad.

En las primeras décadas del siglo XX, el descubrimiento y excavación de los basureros de la antigua ciudad de Oxirrinco (actual El-Bahnasa), repletos de papiros desechados entre el siglo III a. C. y el VII d. C., proporcionó un sinnúmero de fragmentos de la Biblia y documentos que ilustraban la vida de los primeros cristianos[17]. Estos ricos descubrimientos desencadenaron una «fiebre del papiro» generalizada entre los estudiosos. En concreto, la abundancia de fragmentos de papiro inscritos con las sagradas escrituras abrió un nuevo campo para los estudios bíblicos. La importancia de estos fragmentos radica, en especial, en su temprana datación, que permite conocer la circulación cronológica y geográfica de la Biblia en los primeros siglos del cristianismo. Además, el texto que conservan ha permitido reconstruir las variantes textuales anteriores a los grandes códices; como resultado, ahora se entiende más claramente la fluctuación de los textos, por no hablar del Nuevo Testamento como colección[18].

Hasta el descubrimiento de los papiros, los testimonios textuales más antiguos de la Biblia eran los transmitidos en los grandes manuscritos en pergamino del siglo IV d. C., como por ejemplo los magníficos códices *Sinaiticus* (א) y *Vaticanus* (B). Estos grandes códices ofrecen un texto cuidado y son una magnífica muestra de los estándares más elevados de producción de libros. Se especula que puede tratarse de algunos de los cincuenta ejemplares que comisionó el emperador Constantino tras el Concilio de Nicea (325 d. C.), según el testimonio de Eusebio (*Vida de*

---

17 Véase Luijendijk 2010; Parsons 2012; Blumell 2015.
18 Véase Elliott 2011; Clivaz 2011.

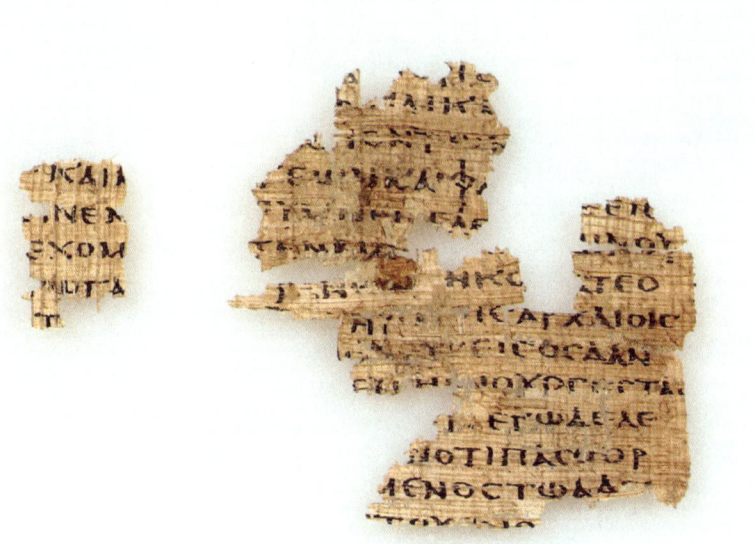

Fig. 12. Fragmento de códice que contiene Mt 3,9.15; 5,20-22.25-28, P.Monts.Roca, siglo II d. C. Abadía de Montserrat, P67 (1r).

Constantino 4.36). Los papiros, en cambio, tienen otro valor de naturaleza material y textual. No solo son, en muchos casos, testigos muy antiguos de la transmisión del texto[19], sino que también arrojan luz sobre la práctica de la escritura, la lectura y las características materiales de los libros leídos por las clases sociales más bajas. En este sentido, el contraste entre un magnífico libro de alta calidad y las copias de la Biblia (totales o parciales) que circulaban entre el pueblo es muy marcado.

Antes del descubrimiento de los rollos del Mar Muerto en Qumran, los manuscritos más antiguos de la Biblia en lengua hebrea eran textos masoréticos del siglo X d. C., como el códice de Alepo. Los fragmentos bíblicos hallados entre los rollos del Mar Muerto hacen retroceder esa fecha más de un milenio, hasta el siglo II a. C. Fue un descubrimiento importantísimo para los estudiosos del Antiguo Testamento y de su transmisión textual. Entre los manuscritos encontrados hay una copia completa del Libro de Isaías que data aproximadamente del 100 a. C. También en Qumran se

19 Clivaz 2011; Epp 2013; Kloppenborg 2019; Arzt-Grabner *et al.* 2023.

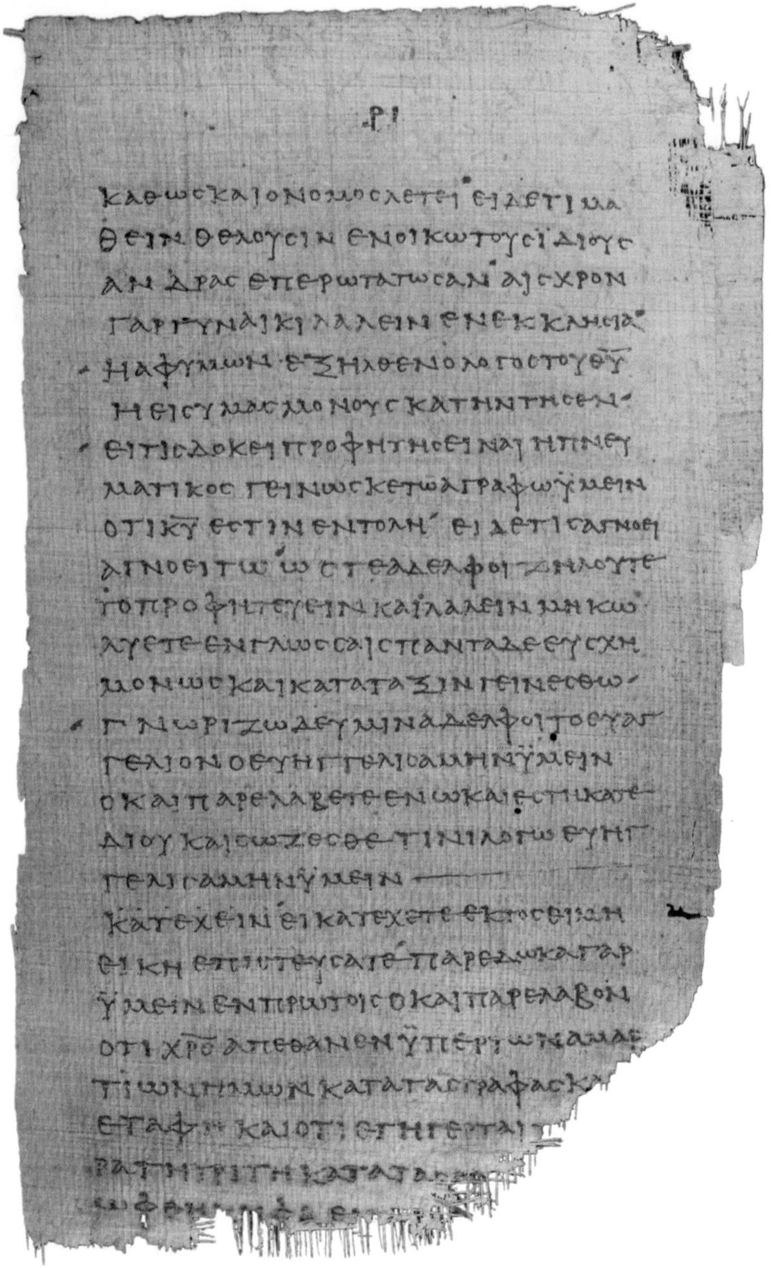

Fig. 13. Folio que contiene 1 Cor. 14:34-15:5; 15:6-15. Chester Beatty Library, P46.

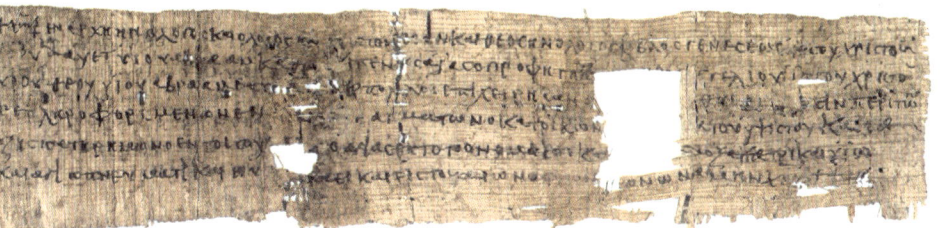

Fig. 14. Amuleto en papiro con texto del Salmo 90 y los íncipits de los cuatro Evangelios. Posiblemente de Oxirrinco, siglo VI d. C. Biblioteca Medicea Laurenziana, PSI VI 719.

encontraron algunos de los fragmentos más remotos del Antiguo Testamento en su traducción a la lengua griega.

Entre los papiros de Egipto se hallaron también importantes fragmentos de la traducción al griego de la Biblia hebrea, pues es la versión que circulaba desde el siglo III a. C. en las comunidades judías de Alejandría y otras poblaciones a orillas del Nilo. El fragmento más antiguo es el Papiro Rylands 458, que contiene partes del Deuteronomio griego, datado paleográficamente en el siglo II a. C. y encontrado en El Fayum, donde sabemos que había en esa época varias sinagogas. Es interesante que los fragmentos de este papiro se descubrieran en un cartonaje de momia. Era una práctica común en Egipto en época helenística utilizar papiros desechados para montar las piezas que decoraban las momias en su superficie. En general se trataba de una máscara, un pectoral y otras piezas que se colocaban sobre las piernas y los pies. Es algo parecido a lo que llamamos *papier maché*, hecho con papiro y yeso, que luego se decoraba con pintura de colores en característico estilo egipcio. Más interesante es pensar que este papiro del Deuteronomio se encontró en un cartonaje de momia junto con un papiro de la *Ilíada* de Homero. No se puede especular demasiado, pero es interesante encontrar el contacto de culturas representado en la coincidencia de la práctica de momificación, la lectura de textos clásicos y el libro sagrado de una comunidad judía en El Fayum.

Otro importante papiro, con partes del Génesis y el Deuteronomio, es el Papiro Fouad 266, fragmentos de un rollo que se puede datar en los siglos II-I a. C. De estos papiros antiguos es interesante destacar la manera de representar el nombre de Dios. En vez de traducirlo utilizando un término griego habitual, como *kyrios* ('señor') o *theos* ('dios'), el nombre era insertado en caracteres paleohebreos, lo que se conoce como *tetra-grammaton*, el nombre de cuatro letras.

También conservamos en papiro los primeros testimonios de escritos de los Evangelios y resto de libros que componen el Nuevo Testamento, como los Hechos de los Apóstoles o las Cartas Paulinas[20]. A veces son solo pequeños fragmentos, como el papiro que contiene parte del Evangelio de Mateo y que se encuentra en la actualidad en la colección de papiros Roca-Puig de la Abadía de Montserrat (P.Monts.Roca 1). Otras veces, la fortuna ha permitido que se conservaran ejemplares más sustanciales, incluso varias páginas de un códice como el famoso Hanna (P.Bodmer XIV-XV = P45), un magnífico manuscrito que contiene partes de los Evangelios de Lucas y de Juan, y que debió de escribirse en torno al siglo IV d. C. El códice se conserva en la actualidad en la Biblioteca Vaticana.

Los papiros también abrieron un nuevo mundo de textos hasta entonces desconocidos: los llamados Apócrifos. Estos textos, como el evangelio de Tomás, el de Pedro, el de Judas o el de María, por mencionar solo algunos, son escritos que en parte se conocían indirectamente a través de referencias o citas de otros autores en sus obras[21]. El hallazgo de los códices de Nag Hammadi confirmó lo que sabíamos a través de estas referencias y permitió su identificación y estudio.

Todos estos testimonios en papiro constituyen una fuente primaria y de enorme interés para el estudio del texto bíblico y del judaísmo y cristianismo antiguos, y aportan indicios muy interesantes sobre el uso que se hacía de las escrituras. Así, algunos papiros son libros escolares, que atestiguan el uso de la Biblia en las aulas[22], otros son cartas privadas en las que pueden aparecer citas y alusiones del texto bíblico o incluso amuletos con versículos de los Salmos o los íncipits de los Evangelios, indicando hasta qué punto algunos textos del Antiguo y del Nuevo Testamento habían calado en la vida cotidiana[23].

---

20 El primer papiro que se publicó con un texto del Nuevo Testamento, en 1868, contenía parte de la Primera Carta a los Corintios (P.San Petersburgo 258A, Π11).

21 Por ejemplo, Ireneo de Lyon denuncia un escrito titulado el Evangelio de Judas como una «historia ficticia» (*Haer.* 1.31.1). El hallazgo de su traducción al copto en el códice Tchacos confirmó la existencia de este texto.

22 Cribiore 2001; Mugridge 2012.

23 Blumell 2012, 163-236, Arzt-Grabner *et al.* 2023.

Estos ejemplos, tan alejados de las versiones pulidas que se encuentran en manuscritos posteriores, amplían considerablemente nuestro
conocimiento de los diversos ámbitos en los que se utilizaban y co-
mentaban las fuentes vetero y neotestamentarias, lo cual nos ofrece
una forma completamente distinta de leer la Biblia: a través de la ex-
periencia de sus antiguos lectores. Los hallazgos de papiros del Nuevo
Testamento y de la *Septuaginta*, junto con textos de la literatura ex-
tracanónica de los primeros cristianos —por ejemplo, fragmentos de
las obras de Ireneo o del Pastor de Hermas— y textos documentales,
atestiguan la presencia de comunidades de cristianos ya en tiempos del
obispo Demetrio (188-232 d. C.).

Una de las complejidades en el estudio de los papiros bíblicos es la
dificultad de su datación, especialmente si solo podemos basarnos para
ello en la paleografía, es decir, el análisis de estilos y modelos de escritura convencionales cuya comparación permite establecer franjas
temporales de uso a través de las cuales ofrecer dataciones más o menos precisas. Recientemente se ha demostrado que los primeros editores
de estos fragmentos bíblicos en papiro tendían a asignarles fechas demasiado tempranas, impulsados por el deseo de encontrar muestras
de la copia del Nuevo Testamento ya en el siglo I. Un claro ejemplo de
esta tendencia es un papiro conservado en la biblioteca de Manchester
y procedente de Oxirrinco (P.Rylands 457, P52). Se trata de un pequeño
fragmento del Evangelio de Juan que durante mucho tiempo se consi-
deró el papiro más antiguo del Nuevo Testamento, después de que el
editor princeps lo datara en el primer cuarto del siglo II d. C. Recientes
análisis paleográficos sugieren una fecha muy posterior, en torno a principios del siglo III d. C.[24]. Este mismo problema planea sobre muchos
otros papiros bíblicos, algunos tan conocidos como el ya mencionado
códice Hanna (P.Bodmer XIV-XV) que fue fechado originalmente entre
los años 175-225 d. C., pero que ahora ha sido analizado por Brent Nongbri,
quien lo ha retrasado hasta el siglo IV d. C.[25].

Desde el destronamiento del Papiro Rylands como la prueba material
más antigua de la transmisión escrita del Nuevo Testamento, el título
se ha reivindicado para otros papiros como P.Oxy. L 3523 (Evangelio de

---

24 Nongbri 2005; Orsini y Clarysse 2012, 462; Mazza 2019.
25 Nongbri 2016.

44

Juan, P90), P.Oxy. LXIV 4404 (Evangelio de Mateo, P104), y P.IFAO inv. 237b (Apocalipsis, P98). A todos estos papiros se les asignan fechas dentro del siglo II d. C. basadas en rasgos paleográficos, pero para los que se toma como base de comparación papiros del mismo grupo, cuyas propias fechas se asignan mediante un proceso similar. Esto crea una circularidad metodológica que hace difícil tener confianza alguna en las propuestas de datación[26].

Entre los papiros bíblicos, los Salmos son con mucho el libro más frecuentemente atestiguado, seguidos por el Evangelio de Mateo, mientras que sorprendentemente —si se considera la tradición que asocia a su autor putativo con Egipto— el Evangelio de Marcos es el que menos testimonios tiene.

Los Salmos y otros libros de la *Septuaginta* pudieron ser producidos y leídos tanto por judíos helenizados como por cristianos. Ciertos rasgos identificables, ya sean materiales, formales o de escritura, pueden sugerir, con diversos grados de certeza, una producción, transmisión y lectura cristianas de estos papiros. Por ejemplo, la popularidad de los Salmos entre los cristianos puede evidenciarse por su presencia en papiros litúrgicos[27], así como en la práctica monástica. Las primeras comunidades monásticas de Egipto desarrollaron una regulación de todos los aspectos de su vida ascética. El requisito de la alfabetización y la memorización de textos de la Biblia está codificado en los primeros reglamentos monásticos[28]. Por poner un ejemplo que afecta específicamente a los Salmos, una de estas regulaciones incluía su recitación en diferentes momentos del día, tal como atestigua Juan Casiano en sus *Instituciones cenobíticas* (II 4). Estas normas, que exigían no solo la memorización de libros bíblicos completos, sino también el aprendizaje de la lectura y la escritura en general para todos los miembros de las comunidades, ayudan a explicar el aumento de la alfabetización cristiana y el consiguiente incremento de la producción de libros en los primeros siglos del cristianismo.

Otros rasgos identificativos que se proponen tentativamente para asignar una producción cristiana o judía a ciertos papiros en particular

26 Bagnall 2009; Orsini y Clarysse 2012.
27 Myhálykó 2019.
28 Véase Praecepta 139-140 de Pacomio; trad. Veilleux 1981, vol. 2, 166; véase también Rousseau 1999; Wipzycka 2017.

vienen dados por ciertos usos escriptorios especialmente predominan-
tes. Cabe destacar, entre otros, el uso de *nomina sacra*, que consiste en
la escritura de nombres significativos por su carácter sagrado en la Biblia
como Dios, Jesús o Espíritu Santo de una forma abreviada, incluyendo la
primera y última de sus letras marcadas con una línea por encima. Esta
práctica, junto a otras, permite a los investigadores asociar la producción
de ciertas copias bíblicas a comunidades judías o cristianas. Sin embargo,
la circulación de escribas, no necesariamente ligados a unas u otras comunidades, hace difícil asignar con completa seguridad el uso de libros
a una iglesia o sinagoga. Es el caso de nuestro papiro.

EL PAPIRO DE EZEQUIEL: EL LIBRO Y SU TEXTO

Características materiales

Tal como se indica en la introducción, el Papiro de Ezequiel o P967 es uno de los códices más importantes de la Biblia griega que se ha conservado por los motivos que iremos desgranando en las siguientes líneas.

El códice está compuesto en la actualidad por un total de 200 de las 236 páginas que tenía en origen. El libro estaba formado por un total de 59 bifolios de papiro colocados uno sobre otro y doblados por la mitad, constituyendo un solo fascículo o cuaderno de 118 folios, es decir, las mencionadas 236 páginas de texto.

El formato de muchos códices contemporáneos a este es un rectángulo vertical con proporciones cercanas a 30 × 15 cm (alto por ancho). El Papiro de Ezequiel tiene un formato muy alto y estrecho (34 × 13 cm, siendo el ancho algo más de un tercio del alto) en comparación con otros libros de medidas más estándar, lo que lo hace inusual. No es del todo excepcional, pues existen otros códices en papiro de tamaño similar (Aberrantes 1 del Grupo 8 según la tipología de Turner), si bien ninguno de ellos es de contenido bíblico.

Del total de las páginas, se perdieron las 18 iniciales, que contenían los 11 primeros capítulos de Ezequiel, y las correspondientes 18 finales, con parte del Libro de Esther y, posiblemente, el Libro de Ruth. No sabemos en qué momento de la historia del manuscrito se perdieron estas páginas. Puede ser que estuvieran ya rotas y perdidas en la Antigüedad o que se perdieran tras su hallazgo. Las razones de su desaparición, por otra parte, pueden ser varias, y no del todo desconocidas por las características materiales de los libros. La parte externa de un códice es la que más sufre la erosión y el desgaste por el uso, por lo que las páginas iniciales y finales pudieron desprenderse del libro ya en la Antigüedad, tras el hallazgo o en el curso de la venta del códice a los diferentes compradores (véase p. 58). Por otra parte, si se perdieron durante su venta, quizá estos fragmentos se encuentren en alguna colección del mundo, esperando ser identificados. Tampoco se ha conservado la encuadernación, que debía de ser una suerte de estuche de piel con un cordel para atarlo, como

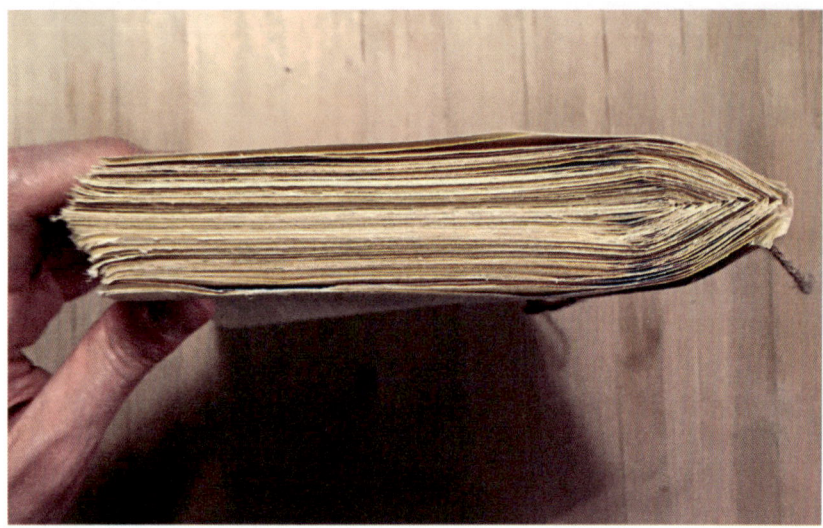

Largo de los folios exteriores: 16 cm

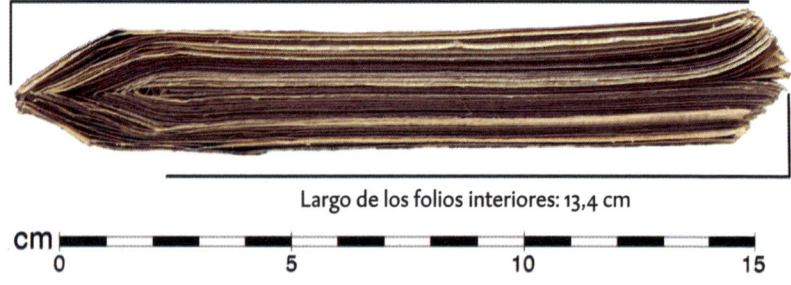

Largo de los folios interiores: 13,4 cm

cm 0   5   10   15

Fig. 15. Reconstrucción moderna del códice P46 (Epístolas de san Pablo) del siglo III d. C. Colección Chester Beatty (Dublín) y la Colección de papiros de Míchigan. Fotografía y trabajo de reconstrucción de Brent Nongbri.

la que sí conservan los manuscritos de Nag Hammadi [fig. 9]. También cabe la posibilidad de que tuvieran una encuadernación en pergamino o de tablas de madera.

El texto del Papiro de Ezequiel fue escrito por dos escribas profesionales que pusieron gran cuidado en la copia del volumen. El primero de los copistas es responsable de la copia del texto de Ezequiel y el segundo del resto de libros en el códice. Se observa un nivel importante de coherencia y regularidad en ambas escrituras, una mano redonda, rápida y con ciertos rasgos de informalidad, es decir, aunque el tipo de escritura mantiene cierta elegancia y regularidad, no se ajusta completamente a los modelos y convenciones establecidos en la copia de libros de la época. Si se compara, por ejemplo, con las unciales de los grandes manuscritos bíblicos como el códice *Sinaiticus* o el *Vaticanus*, se aprecia un fuerte contraste en relación con la claridad y orden que estos últimos presentan frente al estilo más rápido de nuestro códice.

Las páginas están escritas en una sola columna, de unas dimensiones que varían entre los 29 y 30 cm de longitud y de anchura algo variable entre los 8 y los 9 cm, siendo algo más estrechas las columnas de las partes internas del códice. Los márgenes son generosos y la superficie escrita se mantiene con regularidad. En relación con el proyecto de escritura de este libro, debemos destacar que mientras el Libro de Ezequiel tiene entre 49 y 57 líneas por columna, el resto de libros del manuscrito tienen entre 40 y 48. Esta variación en el número de líneas y espaciado puede deberse a que el primer escriba no calibró bien el espacio y apretó el texto de Ezequiel para dejar espacio suficiente para la copia del resto de libros. Viéndose, posteriormente, que el espacio era suficiente para la copia, el segundo escriba pudo permitirse una disposición más espaciada del texto.

Las páginas están numeradas en el centro del margen superior con números griegos[29]. En ocasiones el texto exhibe puntuación para notar los versículos, así como apóstrofos al final de palabras y nombres propios

---

29 El sistema más antiguo de numerales griegos era acrofónico, pero en el siglo IV a. C. fue sustituido por un nuevo sistema alfabético, a veces denominado sistema numérico jónico. A cada unidad (1, 2, ..., 9) se le asignó una letra distinta (alfa a theta), a cada decena (10, 20, ..., 90) otra letra distinta (de la iota a la qoppa) y a cada centena (100, 200, ..., 900) otra letra distinta (de la rho a la sampi). Puesto que este sistema requiere 27 letras y el alfabeto griego tiene 24, se añadieron tres letras obsoletas: la stigma para 6, la qoppa para 90, y la sampi para 900.

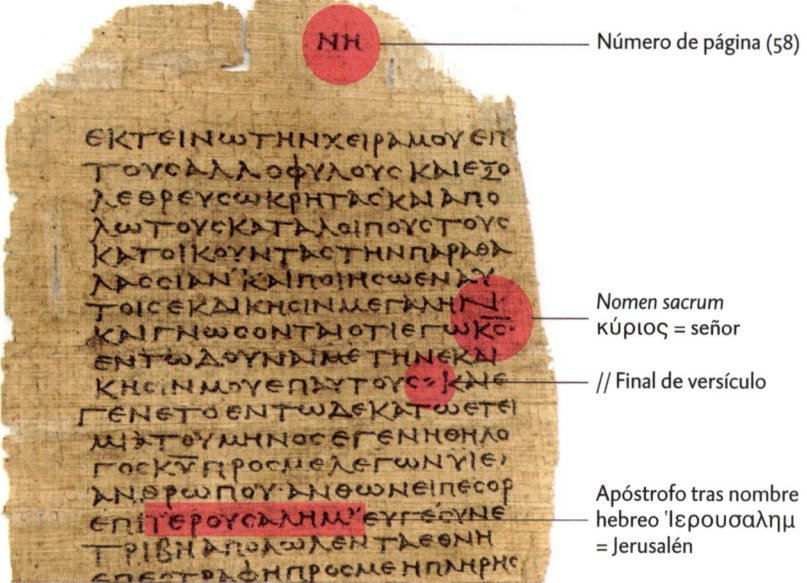

Número de página (58)

Nomen sacrum
κύριος = señor

// Final de versículo

Apóstrofo tras nombre
hebreo Ἰερουσαλημ
= Jerusalén

Fig. 16. Detalle de la página 58 del códice que presenta el texto de Ezequiel 25:16. En la imagen se puede observar la numeración en el margen superior (νη = 58), marcas en algunos finales de versículo, *nomina sacra* (κυ κς para 'señor') y apóstrofo en Ἰερουσαλημ (Jerusalén) (l. 15). *Profecías de Ezequiel* [fragmento]. Universität zu Köln. Kölner Papyrussammlung.

hebreos. También los escribas hacen uso de los llamados *nomina sacra*, una forma abreviada de escribir palabras o nombres sagrados especialmente relevantes para la doctrina, tales como Dios, Señor o Espíritu. Cada libro tenía un título final, centrado en la columna, tal como era costumbre en la copia de literatura tanto clásica como cristiana [fig. 16].

El texto del códice y su singularidad

El Papiro de Ezequiel es un manuscrito excepcional también en su dimensión textual, pues, entre las particularidades ya señaladas, es casi el único ejemplar que presenta el texto de Daniel en la versión primitiva de los Setenta, pues la traducción de Teodoción pronto sustituyó a la traducción antigua[30], y se trata del testimonio más antiguo de Ezequiel.

---

30 Sobre estas versiones, véase Fernández Marcos 1998, 109-161; Law 2008 y caps. 30-32 de Salvesen y Law 2021.

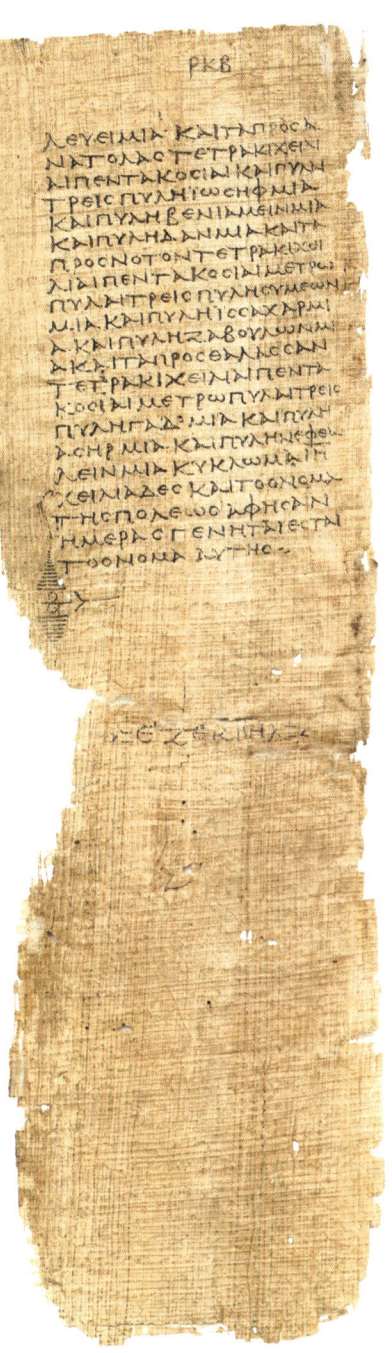

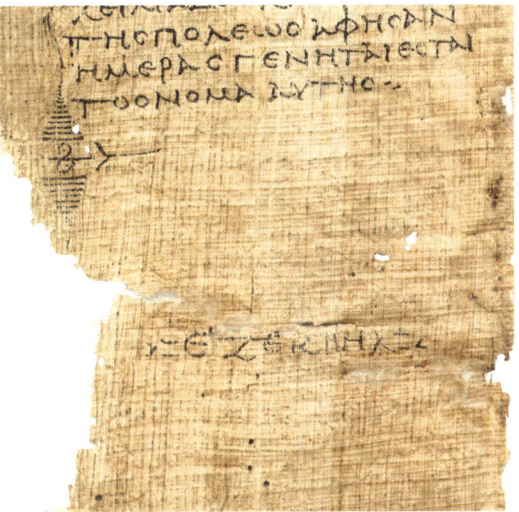

Fig. 17. Final del Libro de Ezequiel y detalle de la *coronis* final del texto junto con el título en el que se lee el nombre del profeta Ezequiel. *Profecías de Ezequiel* [fragmento]. Universität zu Köln. Kölner Papyrussammlung (p. 122).

Al estar fechado entre los siglos II y III d. C., resulta el único manuscrito anterior a la labor filológica que en el siglo III realizó Orígenes en su *Hexapla*, un enorme trabajo filológico en el que el estudioso y padre de la Iglesia comparó los diferentes textos griegos en contraste con el texto hebreo, disponiendo todo en seis columnas (de ahí su nombre).

El texto de Ezequiel de este códice contiene una versión diferente a otras posteriores, con más o menos texto y cambios significativos en algunos versículos. Pero quizá los rasgos más importantes y excepcionales son la omisión y transposición de algunos capítulos que los primeros estudiosos entendieron como errores de escriba. Así, nuestro texto presenta una omisión de Ezequiel 36:23c-38 y la transposición del capítulo 37 a continuación de los capítulos 38 y 39[31]. En los folios pertenecientes al Libro de Daniel, el códice presenta una alteración en el orden de los capítulos (Dn 4 / 7, 8, 5, 6 / 9) con respecto al orden de la *Septuaginta* mayoritaria. Por otra parte, se aprecian anomalías, erratas propias de la mano del escriba. Por ejemplo, no siempre abrevia el nombre de Dios (*nomen sacrum*), comete algunas omisiones por salto de una palabra a otra igual o, al contrario, repite palabras. Pero estos son fenómenos normales. En los manuscritos siempre existen errores e inconsistencias, que en este caso pasan a un segundo plano ante la importancia del texto que nos brindan.

---

31 Spottorno 1982.

LAS ADQUISICIONES DE PAPIROS EN LOS SIGLOS XIX Y XX. CUESTIONES ÉTICAS SOBRE SU PROCEDENCIA

El interés por la adquisición y el estudio de papiros comenzó ya a finales del siglo XVIII tras el descubrimiento de la Carta Borgiana y los hallazgos de Herculano, que se unieron a la emergente «egiptomanía» europea tras la invasión napoleónica de Egipto. Sin embargo, el estudio sistemático y la compra masiva de papiros, especialmente de textos escritos en griego, se produjo a finales del XIX y principios del XX de la mano del fervor filológico que deseaba recuperar obras perdidas de los grandes clásicos, así como los fragmentos bíblicos más antiguos, tratando de acercarse lo más posible a la composición de los textos originales.

Las colecciones de papiros que se formaron entre finales del siglo XIX y mediados del siglo XX proceden de dos fuentes principales: las excavaciones arqueológicas y la compra en el mercado de antigüedades. Por la vía de las excavaciones, quizá la colección más importante y llamativa sea la de Oxirrinco, la actual El-Bahnasa (provincia de Minia). El antiguo vertedero de esta importante ciudad del Alto Egipto fue excavado por los arqueólogos y filólogos Bernard Pyne Grenfell y Arthur Surridge Hunt. Allí encontraron miles de documentos y libros en papiro que se habían desechado en la Antigüedad, y que hoy se conservan casi en su totalidad en la Biblioteca de Arte, Arqueología y Mundo Antiguo de la Universidad de Oxford y pertenecen a la Egypt Exploration Society.

Los papiros que se excavaban en estas misiones arqueológicas se sacaban del país normalmente de forma legal, tras la correspondiente supervisión de las autoridades egipcias, para formar parte de las colecciones de

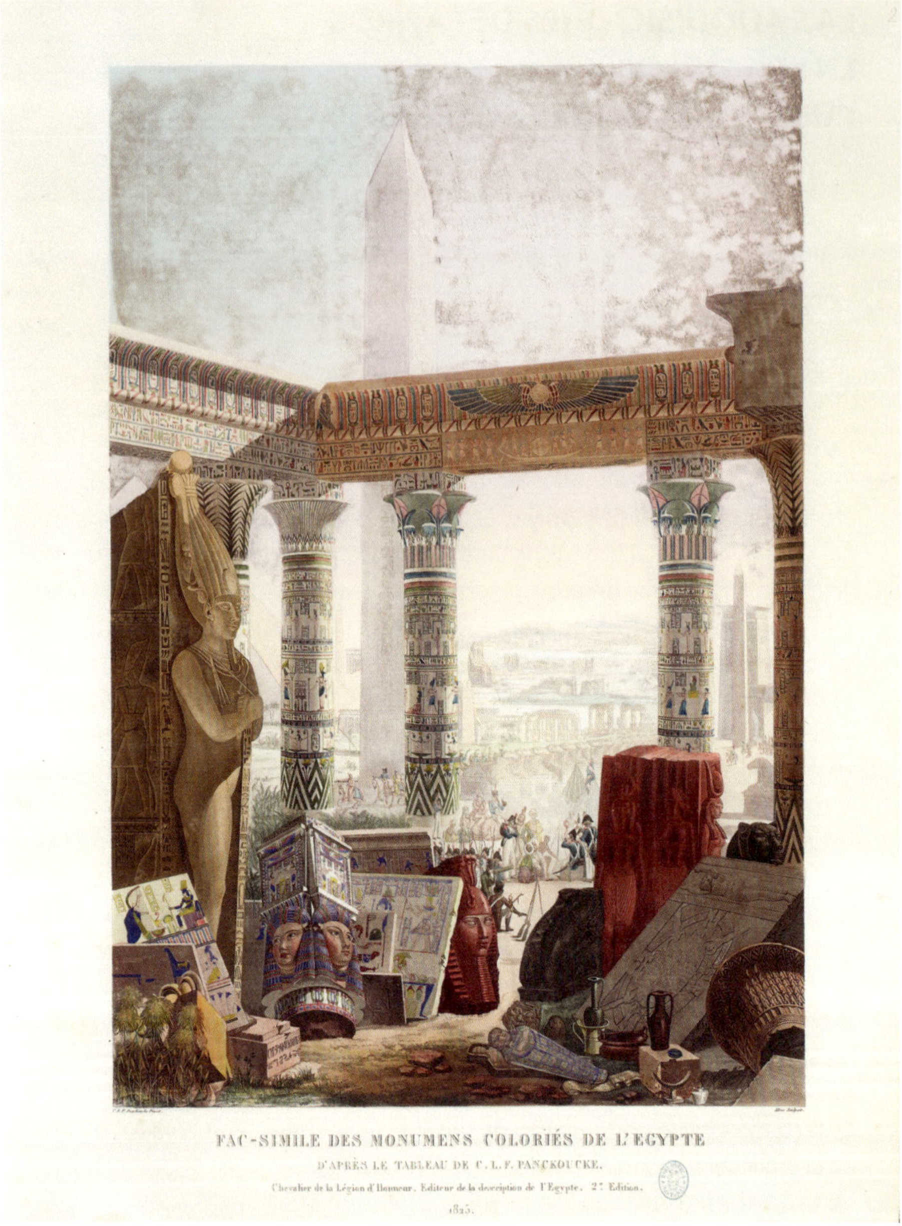

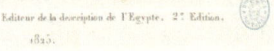

Fig. 18. Charles Louis Fleury Panckoucke. *Description de l'Egypte, ou Recueil des observa-tions et des recherches qui ont été faites en Egypte pendant l'expédition de l'armée française.* París, 1821-1826. BNE, E/Vázquez Queipo V.1 (Antigüedades) (2) (frontispicio).

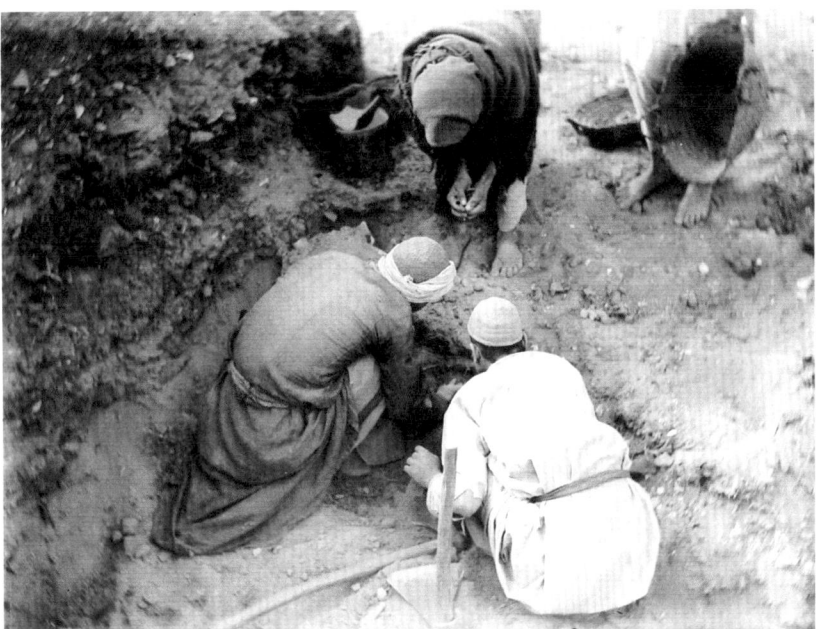

Fig. 19. Trabajadores extrayendo papiros de las arenas de la antigua ciudad de Oxirrinco. Fotografía de Arthur Hunt, probablemente de 1903. Egypt Exploration Society and Faculty of Classics, University of Oxford.

los museos y universidades que financiaban las excavaciones. Esto fue así hasta el año 1970, cuando tras la 16.ª convención de la Unesco se aprobó toda una serie de medidas para prohibir e impedir la importación, exportación y transferencia de propiedad ilícita de bienes culturales. Las medidas aprobadas en la convención entraron en vigor de forma general en 1972, evitando así que los papiros y otros artefactos que se encontraban en las excavaciones en Egipto —entre otros lugares— pudieran sacarse del país.

El otro camino por el cual llegaron las antigüedades egipcias a los museos y colecciones fue el del mercado: todo tipo de artefactos arqueológicos, entre los que se encontraban también los papiros, se vendían en negocios de El Cairo o Luxor y se sacaban del país a través de un pago por la obtención de permiso del Consejo Superior de Antigüedades, pero también a menudo de manera ilegal, saltándose en ocasiones estos protocolos establecidos. Sirva como ejemplo el texto de las memorias de Ernest Alfred Thompson Wallis Budge, comprador del papiro de la Constitución de los Atenienses:

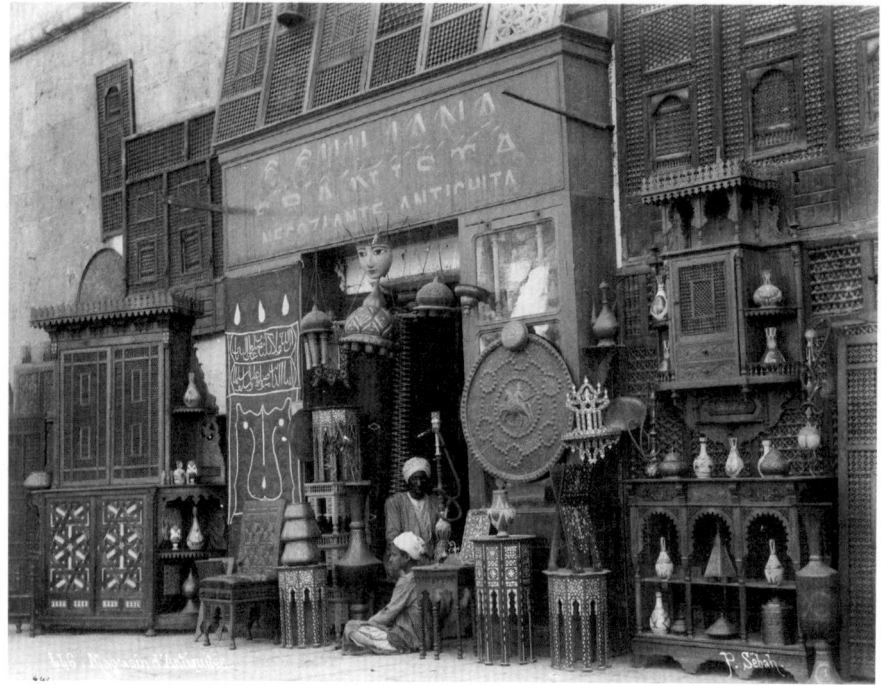

Fig. 20. Pascal Sebah, Tienda de antigüedades de El Cairo, siglo XIX. Minneapolis Institute of Art.

The next question was how to get it to London. It was quite hopeless to expect that the Service of Antiquities would allow it to leave the country, and I did not want to take it with me to Mesopotamia. At length I bought a set of Signor Beato's wonderful Egyptian photographs, which could be used for exhibition in the Egyptian Galleries of the British Museum, and having cut the papyrus into sections, I placed these at intervals between the photographs, tied them up in some of Madame Beato's gaudy paper wrappers, and sent the parcel to London by registered book-post. Before I left Egypt a telegram told me that the parcel had arrived safely, and that its contents were exactly what had been hoped for.

Ernest Alfred Thompson Wallis Budge,
By Nile and Tigris, vol. 2, p. 150

Por tanto, desde finales del siglo XIX hasta al menos 1970, numerosos papiros fueron excavados, comercializados y vendidos a través de los mercados de antigüedades, a menudo sin apenas tener en cuenta sus orígenes legales o culturales. Esta actividad fue impulsada en parte por museos, universidades y coleccionistas privados occidentales, que buscaban ampliar sus colecciones en medio de una feroz competencia. Aunque estas prácticas enriquecieron en gran medida el conocimiento del pasado gracias a los esfuerzos académicos de papirólogos, arqueólogos e historiadores, también suscitaron serias preocupaciones sobre la procedencia de los materiales y cuestiones éticas que hoy en día reciben una mayor atención y sensibilidad[32].

El pretexto de salvar las antigüedades de que se echaran a perder en una nación como Egipto, un pensamiento con unos fuertes tintes paternalistas y colonialistas, no debe satisfacernos ahora, porque en este comercio, que duró todo el siglo XX y que se ha reavivado con la primavera árabe y, de nuevo, con la pandemia, muchos documentos se han visto diseccionados e incluso destruidos por parte de quienes se pensaban sus salvadores. Su adquisición ha permitido a menudo realizar investigaciones pioneras, como la reconstrucción de textos perdidos y la comprensión de la vida cotidiana en la Antigüedad. Sin embargo, esos avances no deben impedir que hagamos una reflexión crítica acerca de los problemas éticos que todo este comercio de antigüedades tuvo y tiene.

Y es que si bien, como hemos dicho, los papiros se sacaban de Egipto normalmente siguiendo los protocolos legales establecidos, una parte sustancial entraba en el mercado a través de medios ilícitos como el saqueo y el contrabando. Estas prácticas implicaban a menudo la destrucción de yacimientos arqueológicos, la pérdida de información contextual crítica y la violación de leyes nacionales e internacionales destinadas a proteger el patrimonio cultural.

En respuesta a estos problemas, se tomó conciencia de la necesidad de establecer directrices éticas y marcos jurídicos más estrictos para regular el comercio y la adquisición de antigüedades. Surgieron debates sobre la legítima propiedad del patrimonio cultural, las responsabilidades de las instituciones coleccionistas y el equilibrio entre preservar la historia mundial y respetar la soberanía de los países de origen.

Los papiros que hoy componen las colecciones modernas provienen tanto de excavaciones arqueológicas como de excavaciones ilegales, recuperados

---

32 Véase Mazza 2024.

de la arena por agricultores que los vendían a comerciantes. Han recorrido los mercados de antigüedades, han pasado por colecciones privadas, museos, bibliotecas, para llegar, al final del camino, al escritorio del papirólogo.

El Papiro de Ezequiel y la historia de su adquisición y dispersión

Como ya hemos tenido ocasión de mencionar en el presente libro, el Papiro de Ezequiel (P967) debió de encontrarse en Egipto a finales del siglo XIX o principios del XX y fue puesto a la venta por partes a diversos compradores que lo adquirieron, probablemente en Beni Suef o Asiut, desde los años treinta del siglo XX. Por menciones en la correspondencia de los compradores, el manuscrito completo pudo haberse encontrado en la necrópolis de Mir, varios kilómetros al norte de Asiut, en la que se han encontrado evidencias de ocupación de tumbas faraónicas por ascetas cristianos en época romana.

La dispersión de manuscritos es una práctica, como también hemos tenido ocasión de referir, que no es excepcional en la época. Muchos otros manuscritos se diseminaron y acabaron en diferentes colecciones en Occidente. En este apartado comentaremos los avatares de adquisición y edición de las diversas partes del códice por sus actuales propietarios. Comenzaremos por la Fundación Pastor y las páginas que hoy están en depósito en la Biblioteca Nacional de España, y a continuación seguiremos el orden cronológico de adquisición.

Colección Pastor de Estudios Clásicos
La colección papirológica de la Fundación Pastor de Estudios Clásicos es fruto de la generosísima donación que Pénélope Photiadès realizó de parte de su colección privada al profesor Manuel Fernández Galiano en algún momento en torno al año 1961, tal como aparece indicado en varias publicaciones y noticias científicas de la época a partir del año 1962.

Desde las primeras publicaciones, estos papiros han sido designados como *Papyri Matritenses*. El nombre de «fondo Photiadès», que aparece también en algún artículo de la época, no ha gozado sin embargo de mucho predicamento, si bien el propio Fernández Galiano en su edición del Papiro de Ezequiel (revista *Stvdia Papyrologica*, 1971) se refiere al él de tal forma.

Tras la donación de los papiros, su ubicación dependió del lugar de trabajo que ocupaba el profesor Fernández Galiano en cada momento.

Fue catedrático de Filología Griega en la Universidad Complutense de Madrid y después en la Universidad Autónoma de Madrid. Fue además director del Seminario de Estudios Papirológicos del CSIC, dependiente del Instituto Antonio de Nebrija, y presidente del Patronato de la Fundación Pastor de Estudios Clásicos.

Así, en 1961, en un artículo publicado por Pénélope Photiadès en la revista *Emerita*, ella misma designa la colección como «collection de Madrid» sin más indicaciones. En 1962, en una entrada firmada por Francisco José Oroz Reta en la sección de Notas y Comentarios de la revista *Helmantica*, se dice que «Mlle. Pénélope Photiadès posee una buena colección de papiros que ha cedido a la Facultad de Filosofía y Letras de Madrid, de la que es Catedrático el Dr. Fernández Galiano». Se trata, en este caso, de la actual Universidad Complutense. Finalmente, en la publicación de la ya referida edición del Papiro de Ezequiel en 1971, el propio Fernández Galiano designa el fondo como «la colección del CSIC», ya que, en ese momento, el estudio de estos papiros era parte de las actividades del ya mencionado Seminario de Estudios Papirológicos integrado en el Instituto Antonio de Nebrija de esta institución. Finalmente, cuando el profesor Fernández Galiano fue presidente del Patronato de la Fundación Pastor de Estudios Clásicos, decidió que la colección de papiros quedara depositada en esta sede para su estudio y conservación, lugar en el que, desde entonces, permanece en su mayor parte.

En relación con la adquisición de estos fondos, debemos empezar haciendo una pequeña biografía de su compradora. Pénélope Photiadès fue una estudiosa suiza, residente en Ginebra y graduada en letras por la Universidad de Oxford. Fue colaboradora del profesor Victor Martin en la Universidad de Ginebra con quien trabajó, entre otros proyectos, en la edición del *Díscolo* de Menandro. En los anuarios de la Universidad de Ginebra, Photiadès aparece como «assistante bénévole» de la cátedra de Lengua y Literatura Griega de la Facultad de Letras desde el semestre de invierno del año 1955/56 al semestre de verano del 1958, año en el que también ocupó el mismo puesto voluntario en la cátedra de Lengua y Literatura Latina. Durante este tiempo en Ginebra estudió varios de los papiros de las colecciones de allí, especialmente de la colección Bodmer, y se especializó en el estudio de textos literarios, si bien también trabajó en otros campos como la literatura bizantina y la literatura griega moderna. Escribió varios artículos y ediciones de papiros, especialmente de la colección

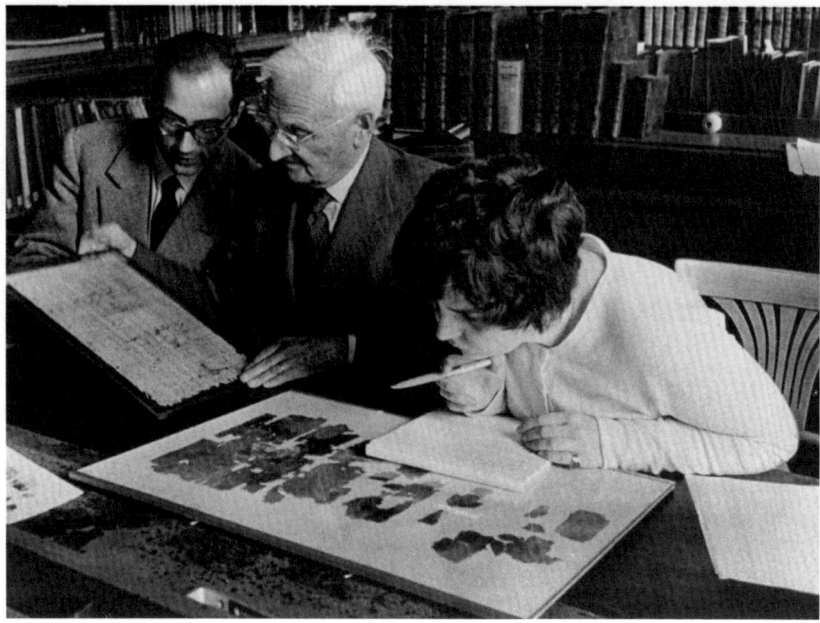

Fig. 21. Pénélope Photiadès junto a Victor Martin y Rodolphe Kasser. Bibliothèque de Genève.

de la Universidad de Ginebra y de su propia colección privada. Desde el principio de los años sesenta colaboró con papirólogos españoles y publicó ediciones de sus papiros en revistas nacionales.

Poco sabemos de cómo y cuándo Pénélope Photiadès compró su colección de papiros. En sus ediciones y artículos, ella nunca indica dónde los adquirió, lo cual era completamente normal en la época, pues no se le daba la importancia que se le da hoy. Simplemente dice, en un par de publicaciones, que proceden de Ben Hasan (sic), pero no es posible saber si se refiere a que los compró allí o que esa era la supuesta procedencia que le dijeron que tenían los documentos. Podemos obtener algunos datos gracias a la conservación de un pequeño sobre que fue hallado en uno de los libros de Photiadès que, tras su muerte, fueron donados a la biblioteca de la Universidad de Ginebra. En este sobre aparecieron pequeños fragmentos de papiro que, a día de hoy, se conservan en la Bibliothèque Publique et Universitaire de Ginebra. Entendemos, por tanto, que algunos de sus papiros debieron de ser adquiridos a través del comerciante de El Cairo que figura en el sobre, Mohammed Abdel Rahim el Shaer,

Lettre concernant des sanctuaires.

Le papyrus no.276 de la collection de l'université de Madrid qui provient de Ben Nasser concerne des trésors de sanctuaires. Il mesure 2.6 cm. de hauteur et 8.6 cm. de largeur.

και ἐν ἄλλοις ἱεροῖς τὸ ν[ε]ώτατον χρυσὸν τοῖς
θεοῖς ἐληκέναι. τοῦτον οὖν ἀποκατάστησον
... ἀναγκάσῃ ὡς ἱερόσυλλος ἀπολῇ ἔρρωσο
βλεπ........ ἀνδρὸς Κλεομένεος χαίρειν.
5 μεγάλα δὴ ἄνωγε τὸν ἐν τοῖς ἱεροῖς τοῖς ἐν
Αἰγύ[πτ]ῳ ἀν'ἱερῶν γάμον χρυσὸν τοῖς θεοῖς
τοῦτον οὖν ἀποκατάστησον.
                                          αν
4. ἱερόσυλος, ἔρρωσο.

"et que dans les autres temples l'or le plus récent soit pris.Rends donc ceci.Tu obligeras le sacrilège à perdre.En voyant (la propriété) de l'homme Cléomène, au revoir.Commande de grandes choses. Rends donc aux dieux l'or qui est consacré aux sanctuaires qui sont en Egypte par un mariage sacré."

L'écriture qui est onciale,petite,très fine et régulière permet de dater la lettre au premier siècle avant notre ère.On constate deux fautes d'orthographe,à la ligne 4 , ἱερόσυλλος pour ἱερόσυλος et ἔρρωσσο pour ἔρρωσο. Le style est typique d'un document.On peut comparer l' inscription suivante,Syll.Inscr.Graec.459.7 ἐπιμελήθητι οὖν ὅπως ἀποκατασταθῶσιν ᾗδλω οι Θεᾷ. Dans les deux textes,les ordres sont donnés au trésorier et le même verbe est utilisé.La forme ἀποκατάστησον se retrouve chez Asclepiodotus Tacticus.12 11.

Pénélope Photiadès.

Fig. 22. Documento con notas para la edición de un papiro de la Colección Pastor de Estudios Clásicos firmado por Pénélope Photiadès. Fundación Pastor de Estudios Clásicos.

quien por otra parte también vendió papiros literarios a la Universidad de Colonia en 1953 y a quien el doctor Ramon Roca-Puig compró en 1959 papiros, según las notas conservadas en la Abadía de Montserrat. Sin embargo, este pequeño sobre no nos aclara cuándo y dónde se compraron los folios del Papiro de Ezequiel, ni tampoco si Photiadès viajó a El Cairo para comprarlos o los adquirió, posteriormente, en Ginebra de manos de un intermediario.

Sabemos que algunos folios del Papiro de Ezequiel fueron ofrecidos para su compra en mayo de 1956 a Martin Bodmer (Ginebra), pero que él no los compró. En este mismo año, papiros del códice fueron adquiridos por la Universidad de Colonia. Es posible que también en torno a este año Pénélope Photiadès comprara los diez folios de Ezequiel para su colección.

Fuera como fuera la adquisición de estos papiros, y tras la donación ya mencionada, fueron depositados en la Fundación Pastor de Estudios Clásicos en torno a 1988, si bien las páginas del Papiro de Ezequiel habían sido entregadas anteriormente en depósito a la Biblioteca Nacional de España en 1983, dado su alto valor, para una mejor conservación. El resto de papiros fueron restaurados y colocados entre cristales, tal como se conservan en la actualidad, por la investigadora del CSIC María Victoria Spottorno Díaz-Caro. Desde entonces, los papiros se hallan encapsulados entre láminas de vidrio en estado estable de conservación. El fondo fue inventariado por Sergio Daris, papirólogo y profesor de la Universidad de Trieste, quien realizó una somera descripción de todos los papiros de la colección. Este inventario, inédito, se conserva en la sede de la Fundación.

La colección consta de un total de 348 papiros y 1 pergamino. Como ocurre en la mayoría de las colecciones formadas por la compra en anticuarios, el grueso de los papiros está escrito en griego y alrededor de un tercio está escrito en copto. No hay papiros escritos en demótico o hierático y es posible que haya alguno escrito en latín.

La mayor parte de los papiros de la colección es de tipo documental. Diez de ellos fueron publicados en 1990 por Sergio Daris en su trabajo *Dieci papiri matritenses*. Entre los papiros editados hay varios contratos, una lista de prendas de tela (P.Matr. inv. 16) o un documento en el que se habla de la venta de una concubina (P.Matr. inv. 11). Además de papiros documentales hay otros de tipo paraliterario, de entre los que cabe destacar el P.Matr. inv. 119 + 44 (Kadas-Rodríguez Somolinos 2019) que contiene lo que parecen las primeras palabras de frases de actor en una

obra dramática, posiblemente un mimo, por los personajes involucra-
dos y el lenguaje. También es importante el P.Matr. inv. 46r, un himno a
la Virgen (Mihálykó 2018). Finalmente, hay también algunos papiros literarios. Sin duda, el más importante de los papiros de contenido literario
es el Papiro de Ezequiel (P.Matr.Bibl. 1), objeto de la exposición y de este
libro, pero no podemos despreciar otros pequeños fragmentos, como
el P.Matr. inv. 47 que conserva la parte central de unos versos hexamétri-
cos, sin autor conocido (Martín Hernández y Perale 2023) o el P.Matr. inv.
285, un pequeño fragmento que conserva unas pocas líneas incompletas
de la obra *Agesilao* de Jenofonte y que podemos datar paleográficamente
en torno a los siglos I-II d. C. Este papiro, aunque pequeño, constituye un
hallazgo importante ya que es el segundo papiro en el mundo que conserva texto de esta obra menor de Jenofonte.

La joya de la corona de los papiros de la Fundación Pastor de Estudios
Clásicos es el Papiro de Ezequiel (P.Matr.Bibl. inv. 1). El estado de conservación es impecable, manteniéndose la integridad de las páginas con
solo pequeños defectos en los márgenes, especialmente en la mitad de
los extremos longitudinales, en ocasiones con pérdida de texto, lo que
Fernández Galiano achaca a un posible doblez o a una cuerda que suje-
taba los folios.

Como hemos mencionado, del códice completo, Photiadès adquirió
un total de diez hojas de papiro (veinte páginas) de la parte primera del
manuscrito, en concreto las páginas 65-66, 75-78 y 91-104 que compren-
den partes de los capítulos 28, 29, 32, 37 y 43 de Ezequiel y los capítulos
40, 41 y 42 completos. Estas páginas, además, contienen una particula-
ridad muy especial relacionada con la transmisión del texto bíblico de
Ezequiel, ya que en ellas se observa una larga omisión de texto que afecta
al capítulo 36 y una divergencia en la colocación de capítulos, apareciendo
el capítulo 37 detrás del 39 (véase p. 50).

Chester Beatty Collection, Dublín
El primer comprador de una porción del Papiro de Ezequiel fue Alfred
Chester Beatty (1875-1968)[33]. Había nacido en Nueva York en el seno de
una familia acomodada de ascendencia irlandesa por parte de padre y que,
por parte de madre, podía remontarse en generaciones hasta las primeras

33 Unkel 2023.

Fig. 23. Alfred Chester
Beatty. Chester Beatty
Library.

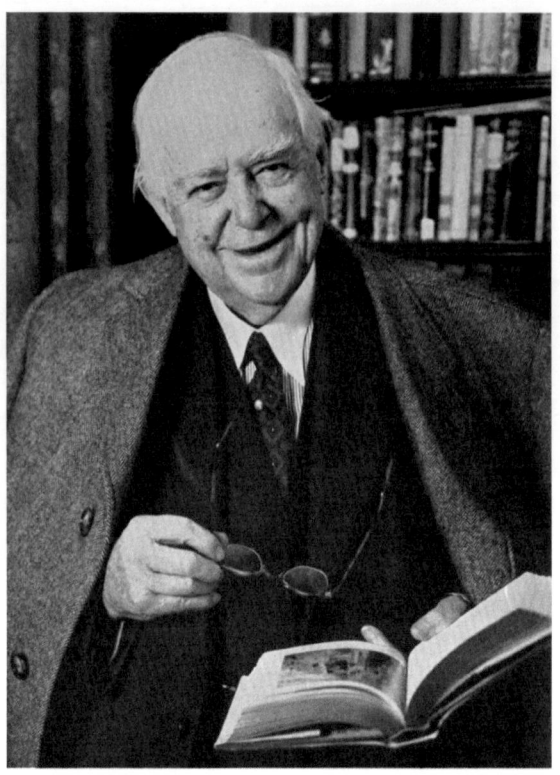

familias pioneras que llegaron a Norteamérica en 1650. Se graduó en In-
geniería de Minas en la Columbia School of Mines y tras comenzar su
carrera profesional en trabajos básicos de minería, fue promocionando
en el negocio rápidamente. Fue contratado en el equipo de dirección de
la Guggenheim Exploration Company (Guggenex), gracias a lo cual tuvo
participación financiera en cualquier mina que pudiera ser comprada,
oportunidad que le llevó a hacer negocio y alcanzar una fortuna millo-
naria a los treinta y dos años de edad. Tras su labor en esta compañía, se
estableció en Nueva York como consultor independiente de minería y
se involucró en negocios relacionados con la explotación de metales, especialmente la extracción y comercialización de cobre.

Además de sus negocios, Chester Beatty, junto a su segunda mujer,
Edith Dunn, era aficionado al coleccionismo de múltiples y diversos objetos de arte, como sellos, cuadros y piezas arqueológicas, pero, sobre
todo, manuscritos. En el año 1914, Chester Beatty fue por primera vez a

Egipto con su familia para tratar de aliviar los problemas que le causaba su afección pulmonar (silicosis). Fue entonces cuando comenzó a interesarse por la compra y el coleccionismo de papiros. De hecho, en este mismo año, ya adquirió sus primeras antigüedades egipcias en los anticuarios de El Cairo, incluidos manuscritos y papiros. A partir de 1920, Chester Beatty pasaba sus inviernos en El Cairo, donde formó, en años sucesivos (especialmente entre 1930 y 1934), su colección de papiros, que enviaba al Museo Británico para su edición y estudio.

En 1950, Chester Beatty se trasladó a Dublín, llevando consigo toda su colección. En 1953 se inauguró la biblioteca y galería Shrewsbury Road en la que se albergaron sus colecciones para que pudieran ser objeto de investigación por parte de los estudiosos y de deleite para el gran público. A su muerte en 1968 se celebró un funeral de estado en su honor, por lo que fue el primer ciudadano irlandés en recibir dicho reconocimiento.

Entre los manuscritos y antigüedades que compró Chester Beatty hay una importantísima colección de papiros bíblicos, tanto del Antiguo como del Nuevo Testamento y, en concreto, sus fondos custodian parte del códice P967, que a día de hoy se encuentra en la Biblioteca Chester Beatty de Dublín[34].

Las páginas del Papiro de Ezequiel que pertenecen a esta colección presentan un estado de conservación dispar. Así, como ocurre con la colección de Colonia, la colección Chester Beatty tiene, por un lado, pequeños fragmentos de folios conservados en otras colecciones, páginas casi completas del documento (las pertenecientes al Libro de Daniel) y, lo que resulta más excepcional, partes de bifolios completos, es decir, la hoja completa de papiro que, tras ser doblada por la mitad, constituía los dos folios (cuatro páginas) de escritura. En esta colección se conservan bifolios que corresponden a la parte más externa del libro, por lo que en uno de los lados se conserva texto correspondiente al principio del manuscrito, es decir, el Libro de Ezequiel, mientras que en el otro lado tenemos parte del final del manuscrito, es decir, el texto correspondiente al Libro de Esther (véase fig. 24).

La compra de estos papiros se realizó según los registros de compraventa de la colección en el año 1930 a través de Maurice Nahman, un anticuario de El Cairo bien conocido por realizar transacciones con otros

---

34 Unkel 2023.

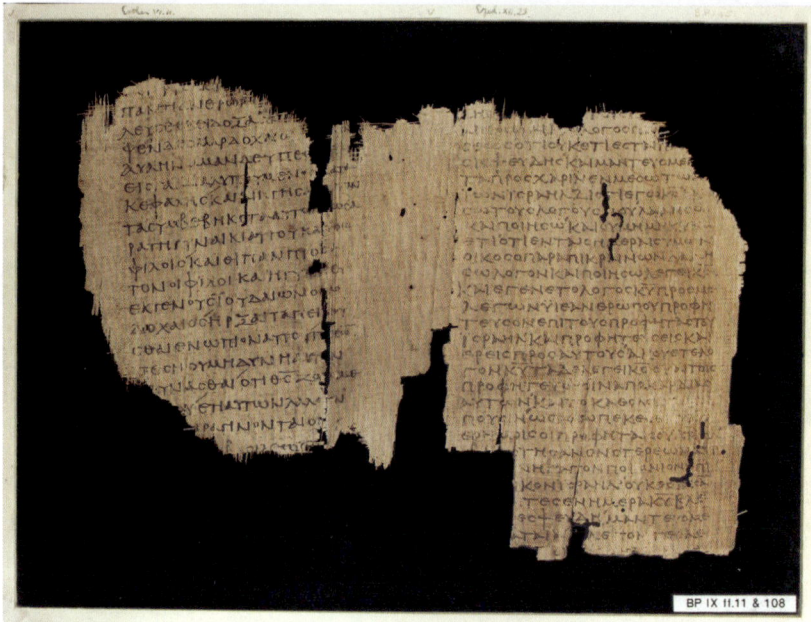

Fig. 24. Bifolio fragmentario del Papiro de Ezequiel en el que se conservan aún unidos los folios 11 (con texto del Libro de Ezequiel) y 108 (con texto del Libro de Esther). Chester Beatty Library.

compradores europeos y americanos de la época. Los papiros fueron adquiridos por Chester Beatty y llevados al Museo Británico, donde Frederic George Kenyon, papirólogo y director de la Biblioteca del Museo, pudo leer su contenido en 1931. La noticia de este hallazgo fue publicada nada menos que en el periódico *The Times* el 19 de noviembre de ese mismo año.

Colección John Scheide, Princeton

Poco después de la adquisición de papiros por parte de Chester Beatty, los Scheide entraron en acción y adquirieron veinte folios del Papiro de Ezequiel que entraron en su colección privada. Los orígenes de su colección se remontan a 1865, cuando William T. Scheide, siendo entonces un joven de dieciocho años empleado del ferrocarril, quiso explorar *La historia química de una vela*, un volumen de conferencias del químico y físico británico Michael Faraday, uno de los grandes divulgadores científicos de su época. Esto marcó el comienzo de una asombrosa colección de libros raros y manuscritos, creada por tres generaciones de la familia Scheide:

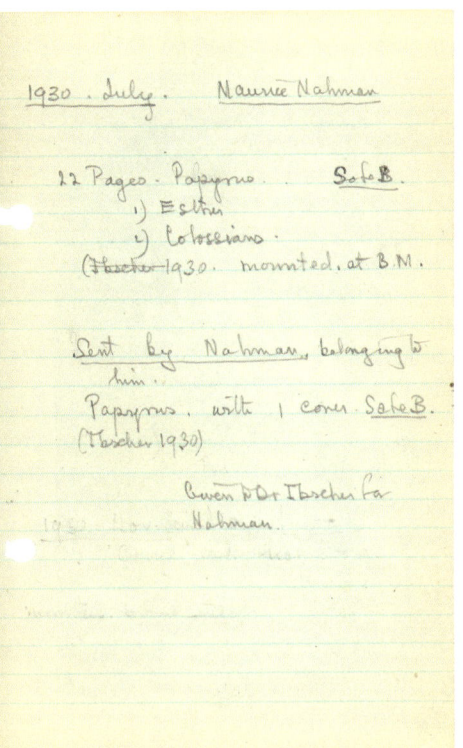
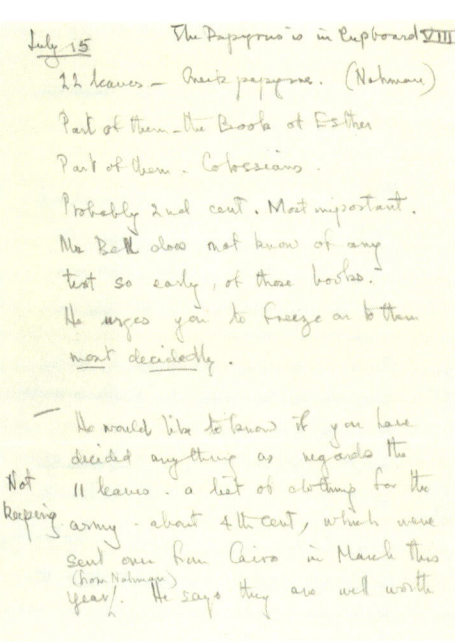

Fig. 25. Notas de la compraventa de papiros por parte de Alfred Chester Beatty. Chester Beatty Library.

William T. Scheide, John H. Scheide y William H. Scheide, siendo este último el que hizo en 2015 la donación de la biblioteca a la universidad en la que se había graduado en 1936. William (1914-2014) era músico, bibliófilo y filántropo comprometido con el fomento de las artes y las humanidades en la Universidad de Princeton. Había heredado de su padre, John Hinsdale Scheide, también graduado de Princeton en 1896, y de su madre, Harriet Hurd, el amor por las artes y la música. Su abuelo, William Taylor Scheide, y su padre habían amasado una fortuna en el negocio del petróleo, que utilizaron, en parte, para iniciar su extraordinaria colección de libros raros y manuscritos en su casa. William Scheide siguió adquiriendo más libros y documentos para la colección en 1954 e hizo que en 1959 se trasladara a una ampliación de la Harvey S. Firestone Memorial Library, que reproducía la sala original construida por su padre, con sus

Fig. 26. John y William Scheide (1932). Scheide Library.

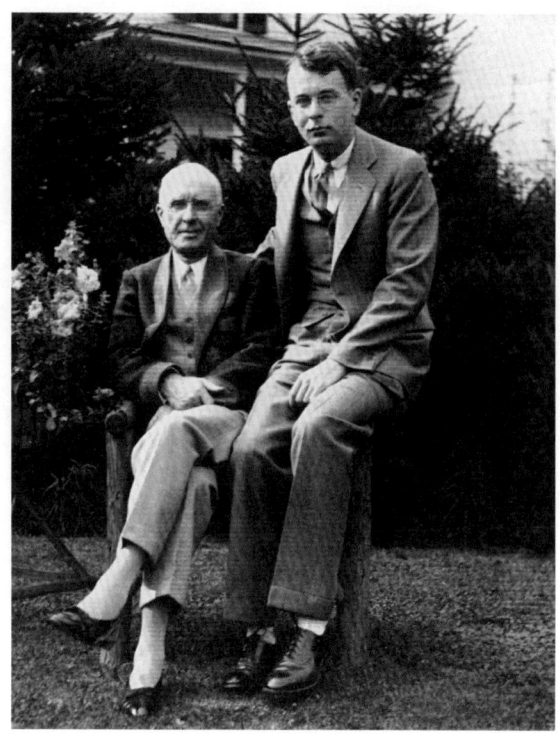

ventanas de cristal emplomado, muebles, estatuas y alfombras originales, desde su ciudad natal de Titusville, Pennsylvania y la dejó allí en depósito. Es la mayor donación que jamás ha recibido la universidad. Contiene importantes colecciones de Biblias manuscritas e impresas, incluida una Biblia de Gutenberg; manuscritos medievales e incunables; libros impresos de gran valor sobre viajes y exploraciones; documentos americanos, incluida la impresión original de la Declaración de Independencia; manuscritos musicales de Johann Sebastian Bach, Ludwig van Beethoven y Wolfgang Amadeus Mozart, y una colección papirológica a la que pertenece el Papiro de Ezequiel.

Por la correspondencia entre John y William Scheide, padre e hijo, conservada en la Biblioteca Firestone, sabemos de las negociaciones para adquirir las páginas del Papiro de Ezequiel en 1935. William (Bill) Scheide, era todavía estudiante universitario, pero demostraba gran conocimiento en las descripciones y apreciaciones papirológicas que detallaba a su padre en las discusiones sobre la adquisición. Por entonces, Chester Beatty

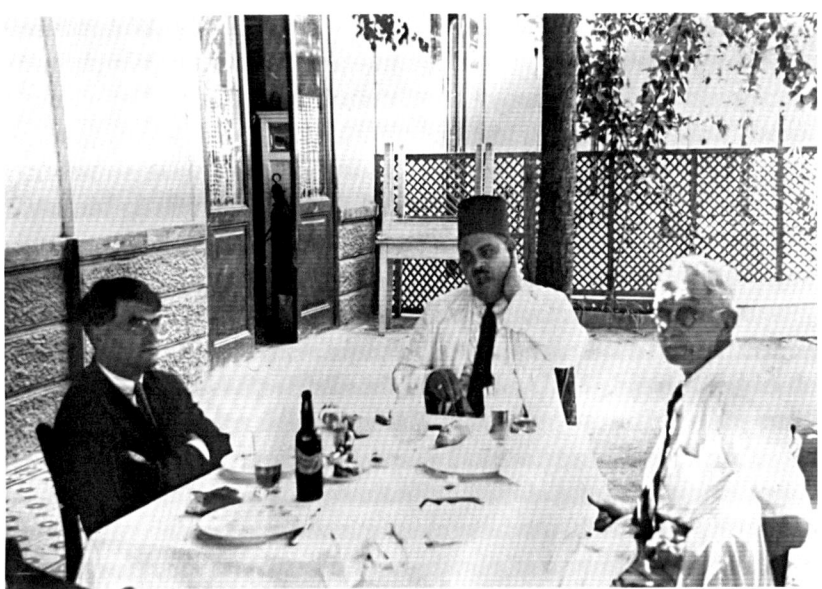

Fig. 27. De izquierda a derecha: Allan Johnson, Shaker Farag y el doctor Askren, *ca.* 1935. Scheide Library.

ya había adquirido su porción, y los Scheide habían apreciado las coincidencias materiales y textuales entre aquellos papiros y los que les estaban ofreciendo y sabían que se trataba del mismo manuscrito. Por mediación del doctor Askren (1875-1939), un misionero médico americano establecido en Medinet el Fayum, adquirieron en 1935 las páginas del Papiro de Ezequiel del comerciante de papiros Shaker Farag el Assiouti (activo entre 1929 y 1936) en Beni Suef. También Askren había mediado para las adquisiciones de la Chester Beatty y la colección de Míchigan.

Las páginas de Princeton fueron publicadas por Allan C. Johnson, profesor de la Universidad de Princeton, y que también participó o asistió a los Scheide en la adquisición de los papiros, junto con Edmund H. Kase y Henry S. Gehman, del Seminario Teológico de Princeton.

Mientras que las páginas adquiridas por Chester Beatty conservaban los bifolios más externos del códice, con el texto de Ezequiel del principio, y el de Esther del final, los Scheide adquirieron veintiún folios en muy buen estado, casi consecutivos, del principio del códice con el texto de Ezequiel (19:12-39:29). Ya apreciaron en la edición de 1938 que varios de los folios habían sido cortados por el margen con cuchillo o tijeras, y

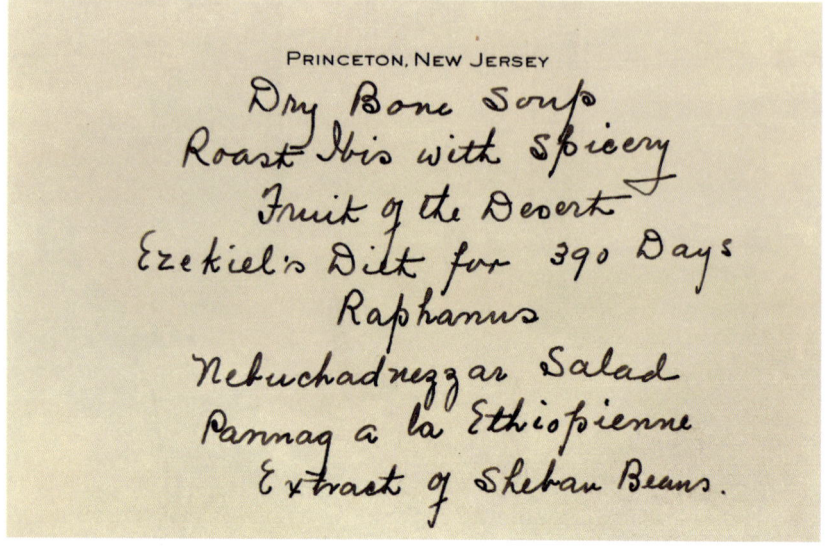

PRINCETON, NEW JERSEY

Dry Bone Soup
Roast Ibis with Spicery
Fruit of the Desert
Ezekiel's Diet for 390 Days
Raphanus
Nebuchadnezzar Salad
Pannag a la Ethiopienne
Extract of Sheban Beans.

Fig. 28. Menú celebratorio de la publicación del Papiro de Ezequiel en Princeton, 1938. Scheide Library.

que por tanto las mitades de los bifolios debían encontrarse en algún lugar a la venta. Se trataría del texto de Daniel, de cuya existencia todavía no se tenía noticia.

El Fondo Roca-Puig de la Abadía de Montserrat

La Abadía de Montserrat guarda entre sus tesoros manuscritos dos colecciones de papiros. La primera de ellas, llamada Colección Ubach o *Papyri Barcinonenses*, llegó a la Abadía de Montserrat de la mano del padre Buenaventura Ubach (1879-1960), monje benedictino y estudioso de la Biblia. La segunda colección, el llamado Fondo Roca-Puig, es una de las colecciones de papiros más grandes que existen en el territorio peninsular. Esta colección, que se concibió para construir a su alrededor un centro de estudios papirológicos, fue adquirida durante un período amplio de tiempo por el padre Ramon Roca-Puig (1906-2001), sacerdote, papirólogo y helenista especializado en el estudio de papiros, especialmente aquellos de contenido cristiano.

Roca-Puig comenzó su carrera eclesiástica en el seminario de Gerona y después en el Conciliar de Barcelona. Se doctoró en Teología por la Universidad Pontificia de Tarragona en 1928 y fue ordenado presbítero ese mismo año. Durante los años posteriores se formó en diferentes universidades extranjeras, donde se especializó en el estudio de las lenguas antiguas, en particular en griego y latín, y fue docente de lenguas clásicas en el Instituto Balmes de Barcelona y catedrático de Griego Antiguo en el Seminario Conciliar de la diócesis, así como catedrático de Griego de la Universidad de Barcelona.

Dado su interés en el estudio de las fuentes antiguas de la Biblia y, en particular, del Nuevo Testamento, comenzó con sus estudios en papirología de la mano del profesor Aristide Calderini en la Universidad Católica de Milán, donde se doctoró en Lenguas Clásicas. Entre los años 1945 y 1970 comenzó a formar su extraordinaria colección de papiros gracias a la ayuda inestimable de varios mecenas y donaciones privadas que contribuyeron a la compra de diversos lotes que custodió y estudió con detalle. Él mismo es el editor de algunos papiros de su colección, varios de los cuales fueron el tema de investigación de una de sus tesis doctorales, bajo la

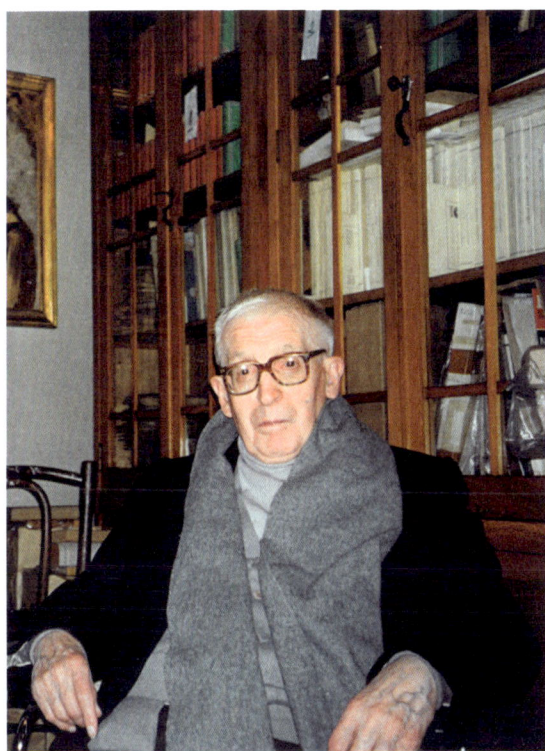

Fig. 29. Ramon Roca-Puig, 1997. Abadía de Montserrat.

dirección del profesor Antonio Tovar, titulada *Papiros y pergaminos bíbli-cos* y defendida en la Universidad de Salamanca el 8 de febrero de 1958. Roca-Puig siguió trabajando fervientemente en la edición y estudio de los textos de su colección hasta una edad avanzada, y en 1997 se trasladó para pasar sus últimos años de vida al Monasterio Benedictino de Montse-rrat, donde se le acondicionó una habitación con una estancia anexa para que pudiera seguir trabajando con sus papiros. A su muerte en 2001, su colección fue legada en su testamento a la Abadía de Montserrat, donde a día de hoy permanece para su estudio y conservación.

El Fondo Roca-Puig (P.Monts.Roca) está formado por más de 2 500 piezas entre papiros, pergaminos, óstracos y textos escritos en madera. Al igual que ocurre con todas las colecciones adquiridas a través de la compra en anticuarios en estos años, los textos están mayoritariamente escritos en griego, si bien hay también un número importante de papiros y pergaminos coptos. La colección también tiene papiros escritos en la-tín, demótico y árabe. La mayoría de los textos son documentales, pero hay algunos notables ejemplos de textos literarios. Entre ellos podemos destacar por su contenido y relevancia el llamado *Códice Misceláneo de Montserrat*, los comentarios a Zacarías y Génesis de Dídimo el Ciego (códices de Tura) o el ya mencionado P.Monts.Roca 1, un pequeño frag-mento de códice que conserva uno de los ejemplos más antiguos del Evangelio de Mateo [fig. 12].

De entre los papiros del Fondo Roca-Puig, y por la temática que nos concierne en este trabajo, debemos destacar los fragmentos pertenecien-tes al manuscrito P967. Según el texto de la memoria anual del Seminario Cardenal Cisneros del CSIC correspondiente al año 1962, cuando se alude al papiro perteneciente a este manuscrito de la colección Roca-Puig, se dice que se trata de «una hoja muy bien conservada», sin embargo, en realidad, se trata de dos partes de dos folios diferentes, la parte inferior de las páginas 155 y 156 y la parte superior de las páginas 181 y 182.

Desgraciadamente, no tenemos noticia exacta de cómo y cuándo Roca-Puig adquirió estos fragmentos ni de quién los compró, aunque posiblemente fuera en El Cairo, pues nos consta que adquiría los pa-piros en lotes, que incluían junto con los papiros bíblicos, que eran su mayor interés, toda suerte de documentos. En su correspondencia te-nemos los nombres de los posibles intermediarios y comerciantes a través de los cuales adquirió estas páginas.

Colección de Papiros de Colonia

La Colección de Papiros de Colonia es, junto con la Colección de Heidelberg y la de Berlín, una de las colecciones más importantes de papiros de Alemania. Formada en la década de los cincuenta, recibe desde 1972 financiación de la Academia de Ciencias, Humanidades y Artes de Renania del Norte-Westfalia (AWK NRW) gracias a la cual amplió sus fondos con compras a anticuarios y coleccionistas privados, pues nunca hubo una excavación arqueológica liderada por esta institución en Egipto con el objetivo de encontrar papiros.

La colección cuenta con aproximadamente ocho mil textos entre papiros y pergaminos procedentes de Egipto que fueron adquiridos, como las otras colecciones tratadas en este libro, a través de la compra en anticuarios de Egipto o directamente ya en Europa. Entre los documentos conservados en esta colección hay papiros documentales y literarios de gran valor escritos fundamentalmente en griego, pues la colección siempre tuvo mayor interés en la adquisición de papiros escritos en esta

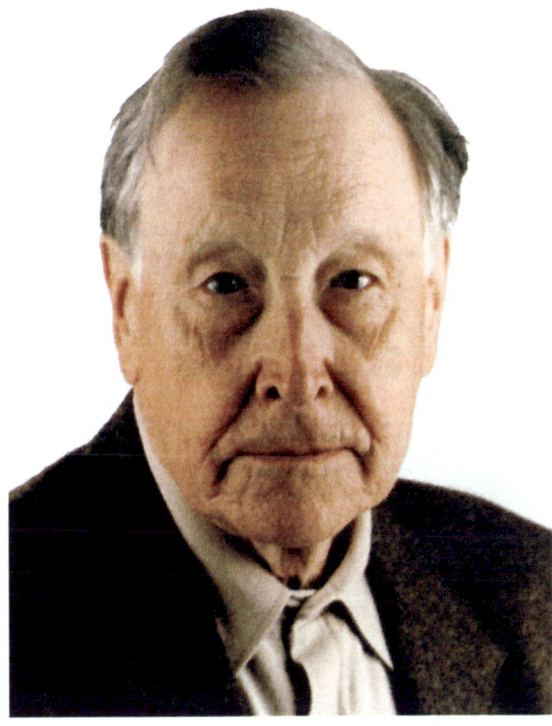

Fig. 30. Reinhold Merkelbach. Universität zu Köln. Kölner Papyrussammlung.

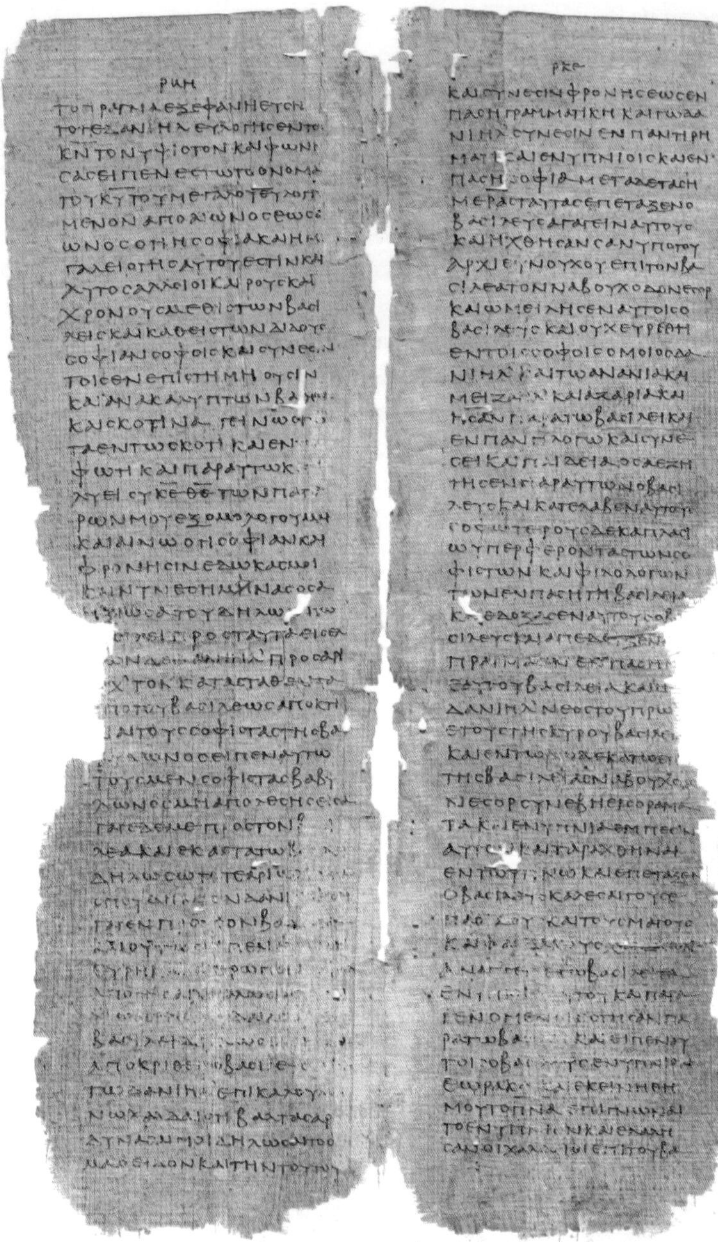

Fig. 31. Bifolio del centro del códice que se conserva unido en la parte baja. *Profecías de Ezequiel* [fragmento]. Universität zu Köln. Kölner Papyrussammlung (pp. 125-128).

lengua, pero también hay textos escritos en egipcio (en sus diferentes formas de escritura), latín, árabe y arameo.

Si bien no hay una gran información acerca de la procedencia de muchos de los papiros de la colección, sí parece que un buen número de ellos provienen de la zona del El Fayum y del Alto Egipto.

La colección fue fundada por Joseph Kroll, director de la academia, y Reinhold Merkelbach, filólogo clásico especializado en el estudio de los clásicos griegos y su religión. Este último dedicó buena parte de sus esfuerzos académicos al estudio y edición de papiros en la Universidad de Colonia, donde dejó una importante serie de discípulos, varios de los cuales se dedicaron también a la papirología.

En cuanto a la compra de las páginas que componían el Papiro de Ezequiel, sabemos, gracias a páginas de archivo de la colección, que fueron adquiridas en El Cairo en la primavera de 1956, y que fueron vendidas por un librero de nombre Feldmann, quien tuvo posteriormente contacto con la Universidad de Colonia actuando como agente de compras, tras recibir un depósito de dinero, por si surgía algún manuscrito o papiro interesante que pudieran comprar para la colección. Así, tanto la Universidad de Colonia como el padre Ramon Roca-Puig y Pénélope Photiadès adquirieron las páginas del códice dos décadas más tarde que las colecciones de Chester Beatty y los Scheide.

Entre los materiales del códice objeto de este estudio conservados en esta colección hay pequeños fragmentos del inicio, que forman parte de hojas más grandes conservadas en la colección Chester Beatty, fragmentos de folios, como los conservados en la colección Roca-Puig, folios completos, como los conservados en la colección de la Fundación Pastor, y, de forma excepcional, bifolios completos —algo fragmentarios— de la parte central del libro (véase fig. 31).

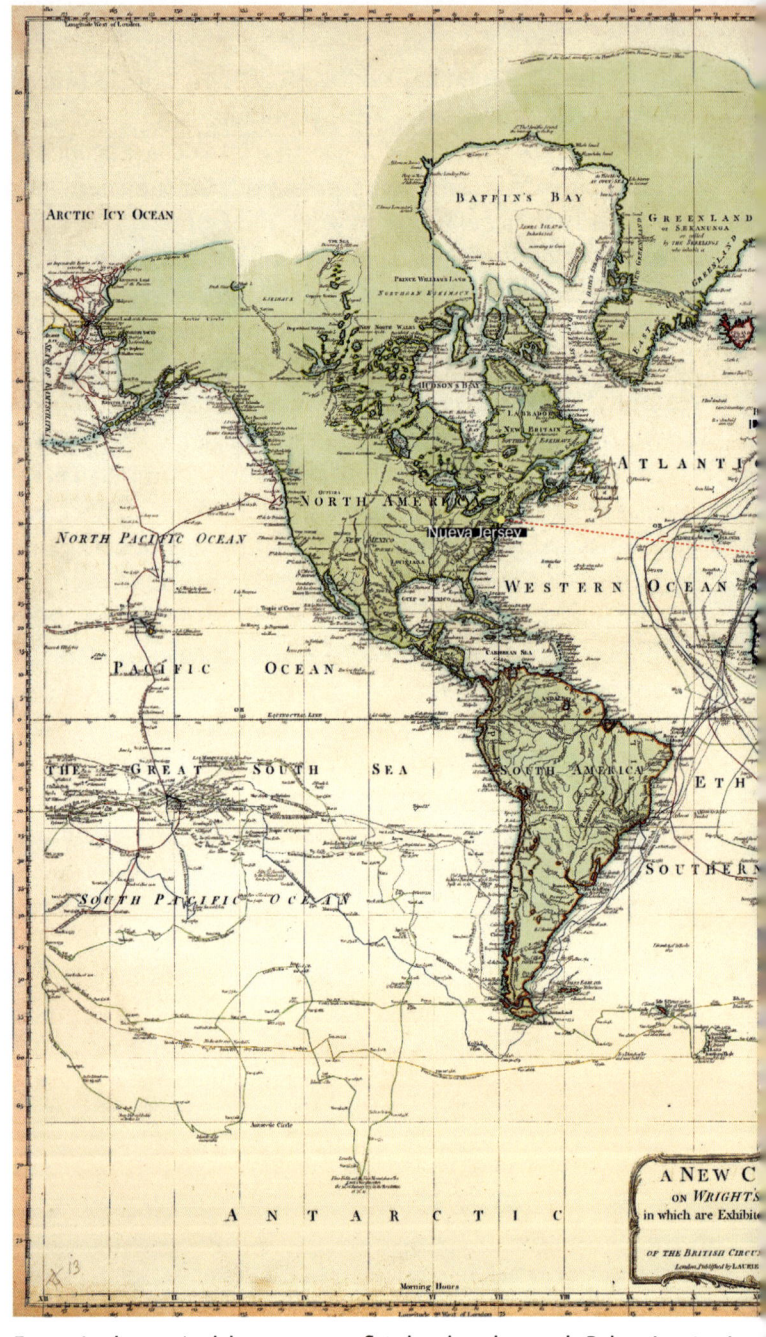

Fig. 32. La dispersión del manuscrito reflejada sobre el mapa de Robert Laurie y Jam
Exhibited all the Parts Hitherto Explored or Discovered with the Tracks of the Briti

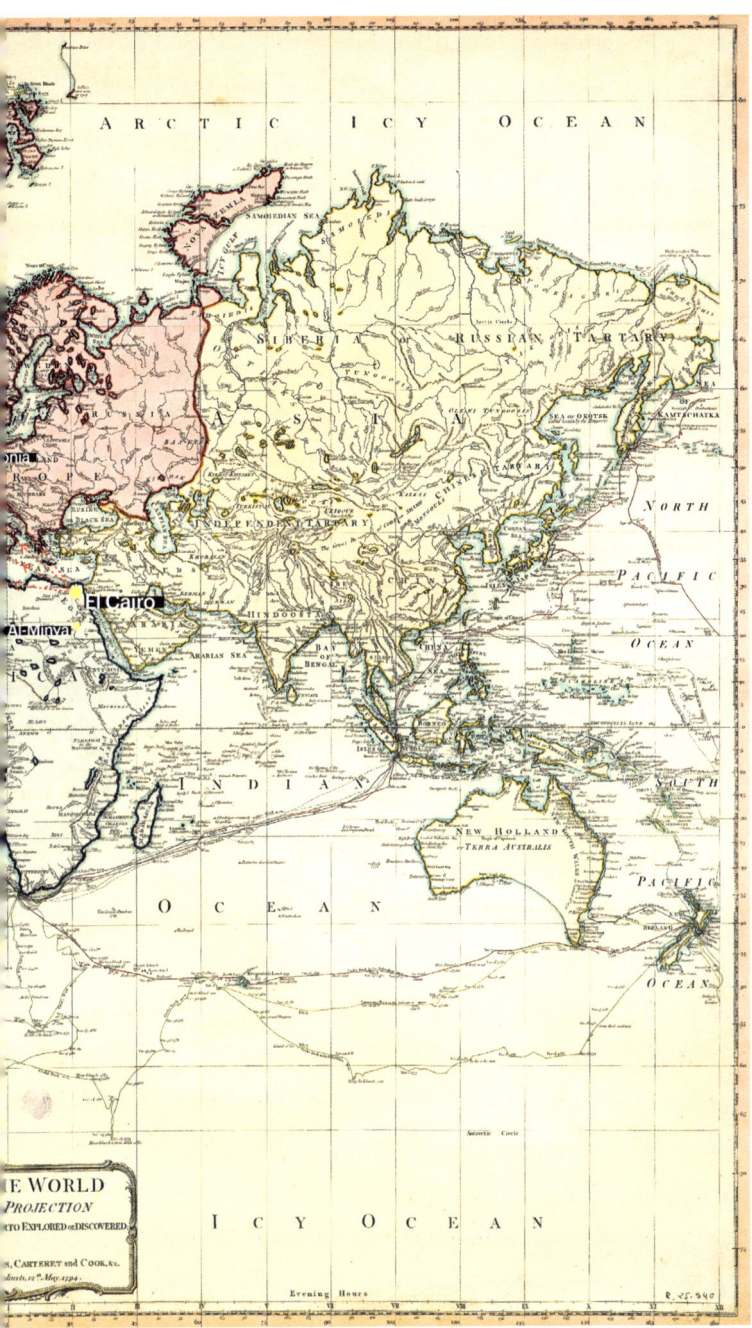

Whittle. *A New Chart of the World on Wright's or Mercator's Projection in which are Circumnavigatiors Byron, Wallis, Carteret and Cook & c.* BNE, MR/3/I, Serie 1/13.

BIBLIOGRAFÍA

.

Publicación del texto del códice

FERNÁNDEZ GALIANO, M. «Nuevas páginas del códice 967 del A.T. griego (Ez 28,19-43,9) (P.Matr. bibl. 1)», *Studia Papyrologica* 10 (1971): 7-76.

JAHN, P. L. G. (ed.). *Der griechische Text des Buches Ezechiel nach dem Kölner Teil des Papyrus 967*, Papyrologische Texte und Abhandlungen, 15. Bonn: R. Habelt, 1972.

JOHNSON, A. C., H. S. GEHMAN Y E. H. KASE. *The John H. Scheide Biblical Papyri: Ezekiel*. Princeton University Studies in Papyrology 3. Princeton, NJ: Princeton University Press, 1938.

KENYON, F. G. *The Chester Beatty Biblical Papyri: Descriptions and Texts of Twelve Manuscripts on Papyrus of the Greek Bible. Fasc. 7: Ezekiel, Daniel, Esther.* 2 Vol. Londres: Emery Walker, 1937-1938.

ROCA PUIG, R. *Daniel. Dos semifolis del còdex 967. P.Barc., Inv. n. 42 i 43.* Barcelona, 1974.

ROCA-PUIG, R. «Daniele. Due semifogli del codice 967. P.Barc. inv. nn. 42 e 43», *Aegyptus* 56 (1976): 3-18.

SPOTTORNO, M. V. «46. Daniel 7:25-28; 8:4-7 47. Daniel 11:29-32.34-38», en S. Torallas Tovar, K. A. Worp (eds.), *Greek Papyri from Montserrat, PMonts.Roca IV.* Barcelona, 2014: 97-107.

Bibliografía citada y recomendada

ANDRÉ, P. «La Bible grecque d'Aquila et l'idéologie du judaïsme ancien», *Aufstieg und Niedergang der römischen Welt* 2.10/1, 1987: 220-245.

ARZT-GRABNER, P., J. S. KLOPPENBORG, CH. M. KREINECKER Y G. SCHWENDNER. *More Light from the Ancient East: Understanding the New Testament Through Papyri*. Paderborn: Brill/Schöningh, 2023.

BAGNALL, R. S. *Early Christian Books in Egypt*. Princeton: Princeton University Press, 2009.

BELL, H. I., Y H. THOMPSON. «A Greek-Coptic Glossary to Hosea and Amos», *Journal of Egyptian Archaeology* 11 (1925): 241-246.

BLUMELL, L. H. *Lettered Christians. Christians, Letters, and Late Antique Oxyrhynchus*. Leiden/Boston: Brill, 2012.

BLUMELL, L. H., Y TH. A. WAYMENT. *Christian Oxyrhynchus. Texts, Documents, and Sources*, Waco TX : Baylor University Press 2015.

BOUDALIS, G. *The Codex and Crafts in Late Antiquity*. Nueva York: Bard, 2017.

BOWMAN, A. K., Y J. D. THOMAS. *Vindolanda: the Latin writing-tablets*. Londres, 1983.

BROCK, S. «The Phenomenon of the Septuagint», *Old Testament Studies* 17 (1972): 11-36.

BROCK, S. «Aspects of translation techniques in Antiquity», *Greek, Roman and Byzantine Studies* 20.1 (1979): 69-87.

CLIVAZ, CL. «The New Testament at the Time of the Egyptian Papyri. Reflections Based on P12, P75 and P126 (P.Amh. 3b, P.Bod. XIV-XV and PSI 1497)», en Cl. Clivaz y J. Zumstein (eds.), *Reading New Testament Papyri in Context*. Leuven: Peeters (2011): 17-55.

CRIBIORE, R. *Gymnastics of the Mind: Greek Education in Hellenistic and Roman Egypt*. Princeton/Oxford: Princeton University Press, 2001.

CRISCI, E. «Note sulla più antica produzione di libri cristiani nell'oriente greco», *Segno e testo* 3 (2005): 93-145.

ELLIOTT, J. K. «Manuscripts, the Codex and the Canon», *Journal for the Study of the New Testament* 63 (1996): 105-123.

ELLIOTT, J. K. «Recently Discovered New Testament Papyri and Their Significance for Textual Criticism», en Cl. Clivaz y J. Zumstein (eds.), *Reading New Testament Papyri in Context*. Leuven: Peeters (2011): 89-108.

EPP, E. J. «The papyrus manuscripts of the New Testament», en B. D. Ehrman y M. W. Holmes (eds.), *The Text of the New Testament in Contemporary Research: Essays on the Status-Quaestionis*. New Testament Tools, Studies and Documents 42. Leiden: Brill (2013): 1-39.

FERNÁNDEZ MARCOS, N. *Introducción a las versiones griegas de la Biblia*. Madrid: CSIC (1998).

FOURNET, J. L. «Anatomie d'une bibliothèque de l'Antiquité tardive: L'Inventaire, le faciès et la provenance de la 'Bibliothèque Bodmer'», *Adamantius* 21 (2015): 8-24.

GAMBLE, H. *Books and Readers in the Early Church: A History of Early Christian Texts*. New Haven: Yale University Press (1995).

HARNETT, B. «The Diffusion of the Codex», *Classical Antiquity* 36 (2017): 183-235.

HUEBNER, S. R. *Papyri and the Social World of the New Testament*. Cambridge: Cambridge University Press (2019).

HURTADO, L. W. *The Earliest Christian Artifacts: Manuscripts and Christian origins*. Cambridge: Eerdmans Publishing (2006).

JANOWITZ, N. «The Rhetoric of Translation: Three Early Perspectives on Translating Torah» *The Harvard Theological Review* 84. 2 (1991): 129-140.

JENOTT, L., Y H. LUNDHAUG. *The Monastic Origins of the Nag Hammadi Codices*. Tubinga: Mohr Siebeck (2015).

KLOPPENBORG, J. S. «New Testament Studies», en K. Vandorpe (ed.), *A Companion to Greco-Roman and Late Antique Egypt*. Hoboken: John Wiley (2019): 581-586.

LAW, T. M. «Origen's parallel bible: textual criticism, apologetics, or exegesis?», *Journal of Theological Studies*, 59.1 (2008): 1-21.

LUIJENDIJK, A. *Greetings in the Lord: Early Christians and the Oxyrhynchus Papyri*. Cambridge: Harvard Divinity School (2008).

LUIJENDIJK, A. «Sacred Scriptures as Trash: Biblical Papyri from Oxyrhynchus», *Vigiliae Christianae* 64 (2010): 217-254.

LUNDHAUG, H., Y CH. H. BULL (eds.). *The Nag Hammadi Codices as Monastic Books*. Tubinga: Mohr Siebeck (2023).

MARTÍN HERNÁNDEZ, R.,Y PERALE M. «P.Matr. Inv. 47: A new hexameter fragment from the Fundación Pastor», *Zeitschrift für Papyrologie und Epigraphik* 230 (2024): 51-55.

MARTINEZ, D. G., «The Papyri and early Christianity», en R. S. Bagnall (ed.), *The Oxford Handbook of Papyrology*. Oxford: Oxford University Press (2009): 590-622.

MAZZA, R. «Dating Early Christian Papyri: Old and New Methods», *Journal for the Study of the New Testament* 42.1 (2019): 46-57.

MAZZA, R. *Stolen Fragments. Black Markets, Bad Faith, and the Illicit Trade in Ancient Artefacts*, Stanford: Stanford University Press, 2024.

MUGRIDGE, A. «*Learning and Faith*. On calling papyri "*school texts*" and "*Christian*"», *Buried History* 48 (2012): 11-26.

MUGRIDGE, A. *Copying Early Christian Texts: A Study of Scribal Practice*. Tubinga: Mohr Siebeck, 2016.

MIHÁLYKÓ, Á. *The Christian Liturgical Papyri: An Introduction*. Tubinga: Mohr Siebeck, 2019.

NALDINI, M. *Il Cristianesimo in Egitto: Lettere private nei papiri dei secoli II-IV*. Fiesole: Nardini Editore, 1998 [1968].

NONGBRI, B. «The Use and Abuse of P52: Papyrological Pitfalls in the Dating of the Fourth Gospel», *Harvard Theological Review* 98 (2005): 23-48.

NONGBRI, B. «Reconsidering the place of P.Bodmer XIV-XV (P75) in the textual criticism of the New Testament», *Journal of Biblical Literature* 135 (2016): 405-437.

NONGBRI, B. *God's Library. The Archaeology of the Earliest Christian Manuscripts*. New Haven y Londres: Yale University Press, 2018.

NONGBRI, B., Y D. SHARP. «The Bodmer Papyri and the Chester Beatty», en G. V. Allen, U. Gad, K. Rodenbiker, A. Royle, y J. Unkel (eds.), *The Chester Beatty Biblical Papyri at Ninety: Literature, Papyrology, Ethics*. Manuscripta Biblica 10. Berlín: De Gruyter, 2023.

ORSINI, P.,Y W. CLARYSSE. «Early New Testament Manuscripts and Their Dates: A Critique of Theological Palaeography», *Ephemerides Theologicae Lovanienses* 88 (2012): 443-474.

PARSONS, P. *The City of the Sharp-nosed Fish Greek Lives in Roman Egypt*. Londres: Orion, 2012.

RAJAK, T. *Translation and Survival: The Greek Bible of the Ancient Jewish Diaspora*. Oxford/ Nueva York: Oxford University Press, 2009.

ROBERTS, C. H., Y TH. C. SKEAT. *The Birth of the Codex*. Londres: British Academy, 1983.

ROBINSON, J. M. *The Story of the Bodmer Papyri: From the First Monastery's Library in Upper Egypt to Geneva and Dublin*. Eugene: The Lutterworth Press, 2011.

ROUSSEAU, P. *Pachomius, The Making of a Community in Fourth-Century Egypt*. Berkeley: University of California Press, 1999.

SALVESEN, A. G. (ed.). *Origen's Hexapla and Fragments*. Tubinga: Mohr Siebeck, 1998.

SALVESEN, A. G., Y T. M. LAW (eds.). *The Oxford Handbook of the Septuagint*. Oxford: Oxford University Press, 2021.

SPOTTORNO, M. V. «La omisión de Ez. 36, 23b-28 y la transposición de capítulos en el papiro 967», en *Emerita* 50.1 (1982) 93-98.

TIBILETTI, G. *Le lettere private nei papiri greci del III e IV Secolo D. C.: Tra paganesimo e cristianesimo*. Milán: Vita e Pensiero, 1979.

TORALLAS TOVAR, S. «Resisting the codex: the Christian use of the roll in Late Antiquity», *Early Christianity* 12.3 (2021): 61-84.

UNKEL, J. «An Old Story Retold: The Acquisition of the Chester Beatty Biblical Papyri», en V. Allen, U. Gad, K. G. Rodenbiker, A. Ph. Royle and J. Unkel (eds.), *The Chester Beatty Biblical Papyri at Ninety: Literature, Papyrology, Ethics*. Boston: De Gruyter (2023): 51-82.

VALLEJO, I. *Terminología libraria y crítico-literaria en Marcial*. Zaragoza: Institución Fernando el Católico, 2008.

VEILLEUX, A. *Pachomian Koinonia*, vol. 2. Kalamazoo, Míchigan: Cistercian Publications 1981.

VELTRI, G. *Libraries, Translations, and 'Canonic' Texts: The Septuagint, Aquila and Ben Sira in the Jewish and Christian Traditions*. Leiden: Brill, 2006.

WIPSZYCKA, E. «Biblical recitations and their function in the piety of monastic Egypt», en Ch. Malcolm y M. Giorda (eds.), *Writing and communication in early Egyptian monasticism*. Leiden: Brill (2017): 213-219.

WIPSZYCKA, E. *The Second Gift of the Nile*. Journal of Juristic Papyrology Supplement 33. Varsovia, 2018.

ZELYCK, L. R. *The Egerton Gospel (Egerton Papyrus 2 + Papyrus Köln VI 255*. Leiden: Brill, 2019.

AGRADECIMIENTOS

Queremos expresar nuestro más sincero agradecimiento a todas aquellas personas e instituciones que han participado en este proyecto desde su idea original hasta su materialización en la Biblioteca Nacional de España. En primer lugar, nuestra gratitud va dirigida a María Victoria Spottorno Díaz-Caro. Ella ha sido la inspiración, nuestra iniciación en el estudio de este fascinante códice. Agradecemos también de corazón el respaldo constante del Patronato de la Fundación Pastor de Estudios Clásicos: a su anterior director, Emilio Crespo, quien nos dio el primer impulso; a su actual director, Antonio Alvar, con su entusiasmo, y a José Manuel Floristán, secretario de la institución y responsable de la coordinación con la Biblioteca Nacional. Nuestro reconocimiento se extiende a todos los miembros del patronato por su apoyo inestimable.

Asimismo, queremos destacar la inmediata y generosa respuesta positiva y la disponibilidad de los responsables de las colecciones participantes: Eric White desde la Biblioteca Firestone en Princeton, Jill Unkel desde la Chester Beatty en Dublín, Charikleia Armoni desde la Colección Papirológica de Colonia, y el padre Bernat Juliol desde la comunidad de la Abadía de Montserrat. Recordamos con especial cariño al padre Pius Tragan, a quien tanto le ilusionaba esta aventura.

Nuestro sincero reconocimiento al panel de expertos nacionales e internacionales que nos ha brindado su saber y su orientación: Giorgos Boudalis, AnneMarie Luijendijk, Roberta Mazza, Brent Nongbri, y Daniel Sharp, así como a nuestros colegas de DVCTVS María Jesús Albarrán,

Alba de Frutos, Alberto Nodar, Maite Ortega y especialmente Sergio Carro, quien nos asistió en los primeros ensayos de reunificación y digitalización del códice, así como a todos los miembros del equipo de investigación del proyecto «Redes de papiro: estudio de la integridad original de textos fragmentados griegos y coptos a partir de la diseminación moderna» (PID2021-125950NB-C22), financiado por el MCIU/AEI10.13039/501100011033/FEDER/E. Gracias a todos por los sabios consejos y guía.

De la Biblioteca Nacional de España, queremos expresar nuestro más sincero agradecimiento, para empezar, a nuestro primer contacto, Isabel Ruiz de Elvira, y a María José Rucio, con quienes comenzamos a hilvanar el proyecto. Del mismo modo, queremos reconocer la labor esencial de quienes lo han materializado: al director cultural de la BNE, Javier Ortega Álvarez; del equipo de exposiciones, a Mar Sanz, Carmen Rodríguez de Tembleque, Carla de la Guardia, y especialmente a Tania Estévez Goas, coordinadora de la exposición El Papiro de Ezequiel, así como a toda el área de publicaciones y actividades culturales de la BNE que han formado parte de esta aventura. Por último, nuestra gratitud a las maravillosas ideas de Ángel Rocamora y de todo su equipo: Raquel González Vera, Susana Soler y Luis Sanz, que han dado alas, luz y vida a este proyecto. Gracias a todos, hemos devuelto este magnífico libro a un lugar de reposo digital, después de que los más inesperados avatares lo desgarraran y dispersaran a cinco rincones del planeta.

Catalogación en publicación de la Biblioteca Nacional de España

Martín Hernández, Raquel

El papiro de Ezequiel : historia y avatares de un códice excepcional / texto, Raquel Martín Hernández, Sofía Torallas Tovar. – Madrid : Biblioteca Nacional de España, 2025

    88 páginas : ilustraciones (blanco y negro y color) ; 21 cm .-- (Tesoros de la Biblioteca Nacional de España, 13)
    Publicado con ocasión de la exposición celebrada en la Biblioteca Nacional de España del 8 de mayo al 1 de noviembre de 2025
    Bibliografía: páginas 79-83

    NIPO: 191-25-007-3 (PDF). 191-25-006-8 (impreso). – ISBN: 978-84-10383-00-5

    1. Papiro de Ezequiel. 2. Papiros griegos. 3. Adquisición de manuscritos
    I. Torallas Tovar, Sofía, autor. II. Biblioteca Nacional de España, entidad responsable.

    091.2 Papiro de Ezequiel
    091.2=143
    025.2:091.2